Guia Nupcial

Una Guía Completa
Para Planear Su Boda

Incluye...

- 22 Capítulos que comprenden desde las costumbres a la luna de miel.

- Resumen de los puntos importantes.

- Seguro de sus objetos valiosos.

- Lista de invitaciones con ideas para redactar las invitaciones.

- Sensible ante las bodas en iglesias y sinagogas.

- Comprensiva el discutir esos detalles extra que con frecuencia se olvidan, para planear una boda perfecta.

- Atractiva, formato fácil de usar.

- Una lista de música completa, ordenada por título, compositor y editor, para que sea fácil de localizar. Más de 400 donde elegir.

- Una propuesta seria, sensata y creativa para ayudar a planear su boda.

- Respuestas útiles a las preguntas más comunes de los 90.

y Además...

- Consejos útiles para segundas nupcias.

- Y mucho, mucho más...

Guia Nupcial

Una Guía Completa Para Planear Su Boda

Recopilado y editado
por Pamela Thomas

Translated by
Ana Escudero
Maria Bruzzo

Proofed by
Michelle Vollmar

Books By Pamela, Ltd.,
P.O. Box 2091
La Crosse, Wisconsin 54602-2091
February 2001

Guia Nupcial

Título Original; The Bride's Guide
Traducido por María Bruzzo y Ana Escudero

Primera Impresión 1992   Primera Edición 1992
Segundo Impresión 2001   Segundo Edición 2001

Librería del Congreso Control Número: 2001129006
ISBN: 0-9615882-9-2

SAN 253-3618

Dedicado a mi familia
con amor.

"Sólo aquellos que pueden ver lo Invisible
pueden hacer lo Imposible."

INDICE

SOBRE LA AUTORA

Licenciada en Periodismo por la Universidad de Marquette, Pamela Thomas-Williams ha trabajado como escritora en varias agencias de publicidad, incluída la suya. Ganadora de diversos premios de publicidad, en 1983 formó equipo con Marian Pellowski para idear la mejor guía para planear una boda. Desde aquel día, Pamela ha estado entrevistándose con muchos profesionales del mundo de las bodas y novias, y ha puesto al día cada edición de Guía Nupcial.

Presente en el Who's Who de las Mujeres Americanas en 1988, Who's Who de las Americans en 2000, pertenece también a Sigma Delta Chi, PRSA, así como a numerosas asociaciones relacionadas con las bodas. Pamela continúa con sus esfuerzos escribiendo y hablando sobre el tema de las bodas con compañías como Bridal Fair, Inc., y Invitaciones de Boda Carlson-Craft.

RECONOCIMENTO

Las siguientes personas han contribuído a la calidad, exactitud del contenido, comercialización, diseño y apoyo. Gracias.

Hermana Luanne Durst
Directora
Oficina del Culto Sagrado
Diócesis Católica de La Crosse
La Crosse, Wisconsin

Sra. de Peter Walby
Directora de Música
Viroqua, Wisconsin

Kristina Garvin
Presidenta/Escritora
Publicaciones Weatherford
San Francisco, California

Fotografía De Grand Studio
Tomas Matos
Ha aportado las fotos que
aparecen en Guia Nupcial.
Milwaukee, Wisconsin 53204
(414) 384-5590

**Invitaciones y Accesorios
de Boda Carlson-Craft.**
Mankato, Minnesota.

Lyle Boysen
Ventas Regíonales
Ace Hardware Corp.
Oak Brook, Illinois

Ironwood Press
Asesores en Tipografía e Impresión
Winona, Minnesota

Imprenta St. Mary's
Winona, Minnesota

Saul Prombaum (Simcha)
Cantre
Congregacíon de los
Hijos de Abraham
La Crosse, Wisconsin

Pastor J.L Mattes
Clérigo
Iglesia Luterana Evángelica
Inglesa del Buen Pastor
La Crosse, Wisconsin

Marian Pellowski
Textos e investigación
La Crosse, Wisconsin

Robbi Ernst, III
Presidente de June Wedding, Inc.
San Francisco, California

**Asociación Americana
de Organistas**
Nueva York, NY

**Karin and Russ De Nomie
Melissa and Armando**
Milwaukee, Wisconsin

INTRODUCCION

¡Enhorabuena por su compromiso y futuro matrimonio! Estoy segura de que están emocionados con la nueva vida que va a comenzar junto a la persona que ama. Los próximos meses serán emocionantes para usted, mientras hace los preparativos para que el día de su boda sea perfecto. Hay muchos detalles a los que prestar atención a la hora de organizar el día más alegre de su vida. Escrito pensando en usted, la novia, nuestra *Guia Nupcial* será una gran ayuda para preparar cada aspecto de un día de boda fabuloso. Por favor, léalo con cuidado y tome notas según va avanzando. Nuestro libro proporciona suficiente espacio para anotar las citas, gastos y mucho más. Lleve la *Guia Nupcial* cuando vaya de compras para tener una referencia a mano y poder tomar notas breves. Esperamos que pueda aprovechar la abundancia de información proporcionada aquí. Su boda puede ser tan única como usted la quiera. Cada persona tiene su propia idea de la clase de "día" que quiere. Nosotros sólo podemos hacerles sugerencias para ayudarle a planear cada detalle. Tenga en cuenta que este libro no intenta cubrir cada aspecto de la planificación de la ceremonia. Eso se debe hacer con su párroco y otros profesionales relacionados con la ceremonia.

¡Con los Mejores Deseos y Buena Suerte en su Futuro—Juntos!

RESPONSABILIDADES

Guia Nupcial. Una Guía Completa para Planear su Boda ha sido concebido como un libro completo, paso a paso, para que las novias y sus familias lo usen cuando planeen la boda. Habría sido imposible imprimir toda la información de la que dispone la autora/editora, porque hay otros muchos libros de consulta que abordan las necesidades específicas y tipos de bodas. Hemos hecho todo lo que estaba a nuestro alcance para que este libro sea lo más completo y exacto posible. Hemos contado con la ayuda de muchos profesionales que nos han asesorado para hacer un libro completo. De todas formas, no olvide que hay cambios con frecuencia y los errores son posibles. Esperamos que este libro les sirva como guía, y que usted encuentre en él información y le resulte interesante de leer. La autora y editora no se responsabiliza ante ninguna persona o entidad por cualquier pérdida o supuesto daño que haya podido ser causado directa o indirectamente por la información contenida en este libro.

Algo viejo,
Algo nuevo,
Algo prestado,
Algo azul
y una moneda en el zapato...

Capítulo 1

Orígenes y Costumbres

EL ORIGEN DEL ANILLO DE COMPROMISO Y DE LAS ALIANZAS

El anillo como símbolo del matrimonio puede haber derivado de una costumbre africana en donde las muñecas del novio y de la novia se ataban con hierbas durante la ceremonia, y cuando los novios negociaban la compra de las novias, entregaban anillos de metal a los padres de ésta, como parte de pago. En muchas ocasiones el valor del metal del que estaba hecho el anillo, representaba la fortuna del novio. En el Antiguo Egipto, cuando las monedas no se habían inventado todavía, se usaban anillos de oro como tales. El esposo egipcio, para demostrar que confiaba en su esposa en cuestiones económicas, colocaba uno de estos anillos en el dedo de ella. Antiguas culturas creían que el amor viajaba al corazón por las venas del tercer dedo de la mano izquierda. Hasta nuestros días, ése es el dedo en el que se lleva el anillo. Para ellos la forma esférica representaba la eternidad y el metal del que estaba hecho significaba la duración de esa unión. De cualquier modo, la novia sólo recibía un anillo—el de compromiso. Luego, en 1215 el Papa declaró un período de espera más extenso entre el compromiso y el casamiento. Por eso se ponía un segundo anillo, el del casamiento, en el dedo de la novia durante la ceremonia matrimonial.

Otra historia interesante es la ceremonia en torno a la colocación del anillo. Durante la ceremonia se colocaba el anillo sobre la Biblia abierta. El sacerdote lo salpicaba con agua bendita mientras lo bendecía. Luego el novio tomaba el anillo con su mano derecha y se lo ponía en el dedo pulgar de la novia diciendo: "En el nombre del Padre." Luego lo transfería al dedo índice, diciendo: "Del Hijo." De ahí al dedo corazón, al mismo tiempo que decía: "Y del Espíritu Santo." Finalmente se lo colocaba en el dedo anular diciendo: "Amén." Parecería que no importaba si se colocaba el anillo en la mano derecha o en la mano izquierda de la novia. A veces se colocaba en la mano derecha el anillo de compromiso y en la izquierda el de casamiento.

EL ORIGEN DEL TRAJE BLANCO DE LA NOVIA

En el siglo XVIII, la novia más humilde era la que se vestía de blanco puro el día de su boda. Esto era como una nota pública de que ella no contribuía con nada material en esa nueva unión y por lo tanto el esposo no se hacía responsable de las deudas de ella. Otras novias simplemente usaban su mejor vestido de Domingo. El rojo era el color favorito entre las novias de la Edad Media en Europa. Las novias islandesas elegían el terciopelo negro. Los colores se elegían de acuerdo a lo que representaban, como así también de acuerdo a las preferencias de las novias. El azul significaba constancia; y el verde juventud. Al amarillo se lo relacionaba con los celos y por lo tanto nunca se usaba. Las novias del Antiguo Israel usaban una cinta azul sobre los hombros como símbolo de pureza, fidelidad y amor. A través de los años, el vestido blanco ha simbolizado pureza. En nuestros días, el blanco es símbolo de la mera boda solamente—y cualquiera puede usarlo, incluso la novia que contrae matrimonio por segunda vez.

EL ORIGEN DEL VELO NUPCIAL

En los países del lejano Oriente, la gente creía que los espíritus malignos eran atraídos especialmente por las mujeres. Por consiguiente, las mujeres siempre usaban velo para protegerse del Ojo del Demonio. Esta costumbre perduró a través del tiempo a pesar de que su significado fue adquiriendo un papel de modestia y obediencia. A partir de ahí el significado del velo evolucionó hasta convertirse en símbolo de castidad, para luego convertirse en signo de sumisión de la mujer.

El velo fue introducido en Europa a través de las Cruzadas. De acuerdo a las antiguas tradiciones matrimoniales del Viejo Mundo, la novia era vendida por su padre, envuelta en el velo nupcial, para dársela a conocer al esposo, después de la ceremonia!

En los primeros siglos, las novias judías, griegas y romanas usaban velos de muchos colores, y velos bordados con hilos de oro y plata. En el sur de Europa, los antiguos cristianos colocaban un pedazo grande de tela sobre el novio y la novia. Durante la época de los anglosajones, la novia usaba el cabello suelto como parte del ritual nupcial. Los chinos sostenían una sombrilla sagrada sobre la cabeza de la novia. Alrededor del año 1500 en Europa, estuvo muy de moda un sombrero en forma de cono de cuya punta colgaba un velo que llegaba a los pies. Cada época ha tenido un estilo diferente de velo nupcial.

Nellie Custis, fue la primera mujer americana que usó un velo blanco de seda cuando se casó con Lawrence Lewis, un asistente del Presidente Washington. Nellie eligió la seda porque el Mayor Lawrence la había visto una vez a través de las cortinas de seda de una ventana abierta—y desde entonces no pudo dejar de decirle cuán hermosa la había visto aquel día. El velo tradicionalmente ha representado juventud y virginidad.

EL ORIGEN DEL ARROZ, LOS ZAPATOS VIEJOS, ETC.

En los tiempos en que el hombre vivía del cultivo de la tierra, su existencia dependía de una buena cosecha y de suficientes hijos que lo ayudasen con todo el trabajo. Las generaciones primitivas creían que la novia y el novio traían buena suerte el día de su boda. Cualquier persona o cosa que los tocara también sería afortunada. Por eso bañaban a la pareja con granos maduros o con nueces, deseando una buena cosecha para ellos mismos y una familia numerosa para los recién casados. El tirar granos parecía simbolizar buena suerte, fertilidad o abundancia. Hasta el día de hoy, los invitados a la boda tiran arroz, granos, confites, semillas, etc.

Entre los antiguos asirios y judíos, cuando se llevaba a cabo un negocio, un hombre daba su sandalia como signo de buena fe. El zapato era símbolo de autoridad. Cuando los anglosajones arrojaban un zapato, indicaba que la autoridad había sido transferida a otra persona. Algunos jefes creen que la costumbre de tirar un zapato puede ser asociada con los proyectiles que el padre de la novia arrojaba al ladrón de la cueva.

EL ORIGEN DE LAS FLORES PARA LA FIESTA NUPCIAL

A través de los años, en la mayoría de las celebraciones matrimoniales se usaron flores de un modo u otro. En cada país las flores tienen una tradición propia y un significado muy particular.

Algunas culturas asocian al azahar (la flor del naranjo) con la ceremonia nupcial. La costumbre de llevar una corona de azahar sobre el velo nupcial era una costumbre sarracena introducida por los cruzados. El azahar era tan caro que sólo las novias más pudientes podían permitirse el lujo de llevarlo, mientras que las más humildes recurrían al azahar artificial. En Inglaterra, en los tiempos isabelinos, se colgaba sobre la pareja un ramo de crotos y de romeros enlazados. En Suecia, se creía que era necesario poner una cebolla pequeña, una cabeza de ajo u hojas de romero en el ramo de la novia para ahuyentar a los duendes el día de su boda. En Polonia, se creía que salpicando el ramo de novia con azúcar mantendría su temperamento dulce. En Roma, las rosas y las caléndulas se usaban para decorar el hogar de la novia. Más abajo se da el "significado" de ciertas flores:

Apple blossoms—La flor del manzano: buena suerte
Clematis—Clemátide: amor
Ivy—Hiedra: buena suerte
Rosebud—Pimpollo de Rosa: una promesa
Myrtle—Mirto: la flor de los amantes
Laurel—Laurel: paz
Tulips—Tulipán: infidelidad
Yellow flowers—Flores amarillas de cualquier tipo: celos
Orange blossoms—Azahar: fertilidad
Heather and sweet basil—Albahaca: fortuna
Baby's breath—Siemprevivas: Ilusión del poeta: fertilidad
Cabbage roses—Roseta: espiritualidad
Anemones—Anémonas: esperanza
Lily of the Valley—Lirio de los valles: felicidad
Red and white roses—Rosas rojas y blancas: amor
Lilacs—Lilas: amor de juventud
Pansies, forget-me-nots, white clover—Pensamiento, No me olvides, Trébol blanco: amistad muy especial

Como los colores del arco iris ...
Nuestras vidas se unirán en el amor

EL ORIGEN DEL PASTEL DE BODAS

El pastel de bodas ha sido siempre una parte muy importante de la fiesta de casamiento. En realidad no se sabe dónde y cuándo se originó ya que es una costumbre antiquísima. Entre ciertas tribus indígenas de Norteamérica, y entre los nativos de las islas Fidji, la recién desposada ofrecía a su esposo un pastel de harina de maíz. Los romanos partían un pastel de harina de maíz y sal sobre la cabeza de la novia como símbolo de abundancia o fertilidad. En muchos países existía la costumbre de tirar granos de trigo, harina o un pastel sobre la cabeza de la novia y luego se los comían para que les trajera buena suerte. Los antiguos ingleses horneaban grandes canastos de galletas secas para el casamiento y cada invitado se llevaba una a su casa—de allí viene la tradición de llevarse un pedazo del pastel de boda a casa. Durante la Edad Media, era tradicional que la novia y el novio se besaran sobre una pila de tortas. Estas pequeñas tortas aumentaron gradualmente en tamaño y sabor. Luego un joven y emprendedor panadero decidió amasar todas esas tortas y cubrirlas con un baño de crema y azúcar, y así nació el pastel de boda de nuestros días.

LAS COSTUMBRES CULTURALES

Todas las culturas tienen sus propias costumbres nupciales. Use su imaginación y adapte una de la tierra de sus antepasados. Nosotros hemos investigado unas pocas. Un bibliotecario le ayudará a investigar más a fondo.

Africa

"Tú deberás tener 12 hijos con él" es todavía el saludo a las novias en esas tierras remotas. Muchas tribus casan a la pareja uniendo sus muñecas con hierbas trenzadas.

Africano-Americano

En las plantaciones de antes de la guerra, las novias creían que el casamiento en Martes y Miércoles garantizaba un buen esposo, larga vida y días felices.

Bermudas

Los recién casados plantan un árbol en su jardín. La manera en que este árbol crece y se fortalece simboliza el amor de la pareja.

Bélgica

Las novias llevan un pañuelo bordado con su nombre. Después de la ceremonia, se enmarca y se expone hasta que la próxima novia de la familia añada su nombre.

China

Dos copas de miel y vino son unidas con una cinta roja—el color del amor y la alegría—y la pareja intercambia un trago simbolizando la unión.

Checoslovaquia

Las novias usan trenzas de romero como símbolo de sabiduría, amor y lealtad.

Inglaterra
En el campo la novia y sus acompañantes se dirigen a la iglesia caminando sobre una alfombra de flores, asegurando así su paso felíz por la vida.

Finlandia
La novia usaba una corona dorada durante la ceremonia. Luego le vendaban los ojos y las mujeres solteras bailaban a su alrededor. A quien ella coronaba se decía que sería la próxima en casarse.

Francia
Los novios hacen un brindis y beben de una copa de plata labrada que tiene dos asas, se la llama "coupe de mariage," y la pasan a las futuras generaciones.

Alemania
En vísperas de la boda, las amigas de la novia rompen porcelana a la puerta de su casa. Se dice que ese ruído tan fuerte ahuyenta la mala suerte. Para asegurar su felicidad futura ella misma debe limpiar el suelo.

Grecia
Las parejas sostienen velas decoradas con cintas y flores.

Holanda
Durante la fiesta ofrecida por la familia, antes del casamiento, los novios se sientan en un trono bajo un dosel de plantas verdes, simbolizando la duración del amor. Uno a uno los invitados se acercan y les expresan sus buenos deseos.

India
El hermano del novio salpica pétalos de flores a la pareja al final de la ceremonia. Cada familia prepara una torta de arroz durante la ceremonia simbolizando prosperidad y fertilidad.

Irán
En los tiempos pérsicos, el novio compraba diez yardas de lienzo blanco para envolver a la novia a modo de vestido nupcial.

Irlanda
El 31 de diciembre es considerado el día de más suerte para casarse.

Italia
Desde los tiempos romanos, las parejas han atravezado el pueblo repartiendo pasteles y dulces.

Japón
Los novios beben nueve tragos de "sake," convirtiéndose en marido y mujer después del primer trago.

Israel
Durante siglos las parejas han hecho un contrato matrimonial a través de una promesa solemne por escrito, llamada *"ketubbah,"* que es embellecida por un artesano con versos bíblicos y bordes decorativos que simbolizan el hogar.

Lituania
Los padres de la pareja sirven a los recién casados símbolos de la vida conyugal: el vino representando alegría, la sal simbolizando las lágrimas y el pan simbolizando el trabajo.

México
Un lazo de seda blanco se coloca sobre los hombros de la pareja para representar la nueva unión. Más tarde, los invitados se toman de las manos formando un círculo en forma de corazón mientras los recién casados bailan en el centro de dicho círculo.

Filipinas
La costumbre del cordón de seda blanco es también practicada aquí. Todos los gastos de la boda los paga la familia del novio, que da a la novia monedas viejas simbolizando prosperidad. La familia de la novia da a los recién casados una dote en efectivo.

Polonia
Las novias usan delantales blancos bordados sobre sus vestidos. Los invitados, discretamente, ponen dinero en los bolsillos del delantal.

Rumania
Los invitados a la boda tiran dulces y nueces a la pareja para desearles prosperidad.

Rusia
Los invitados a la boda, además de la familia, reciben regalos en vez de regalar ellos.

España
Las novias usan mantillas y azahar en la cabeza. Los novios usan una camisa con pliegues, bordada a mano por la novia.

Suecia
Las novias llevan un ramillete de hierbas de dulce fragancia para mantener alejados a los duendes y los novios llevan un ramito de tomillo prendido en el traje.

Suiza
Las damas de honor encabezan la procesión tirando pañuelos de colores a los invitados. Quien coja un pañuelo deberá contribuir con dinero al nuevo hogar.

U.S.A.
Los primeros americanos daban a los recién casados ponche de leche cuajada con vino y especias, leche caliente y un brebaje para mantener la energía durante la luna de miel.

Gales
La novia daba a los presentes pedacitos de mirto. Cuando estos florecían, pronosticaban otra boda.

TRADICIONES
Dijes de oro y plata (a veces de mucho valor) se envuelven en papel y a veces se atan a un lado del pastel de boda, o se introducen dentro del pastel después de haber sido horneado. Los regalos de las damas de honor se ponen en el lado izquierdo del pastel y los de los padrinos de la boda en el lado derecho.

Generalmente, cuando se introducen los dijes en el pastel se usa una cinta de raso blanco para indicar dónde están las sorpresas. Tradicionalmente, cada dije tiene un significado especial:

Para las damas de honor:
El huesito del deseo (espoleta)—suerte
El corazón—romance
El gato—solterona
El anillo—casamiento
La moneda de diez centavos—fortuna
Las tijeras en miniatura o el dedal—laboriosidad

Para los padrinos del novio:
Un botón o un perro—solterón
Un anillo—casamiento
Una moneda de oro—dinero
Un dado: suerte

LA COSTUMBRE DE TIRAR EL RAMO DE FLORES O LA LIGA

Originariamente se tiraba la liga y no el ramo de flores. Esta costumbre de tirar la liga se originó en el siglo XIV en Francia. Por algún tiempo se tiró una de las medias de la novia, pero no era fácil ni elegante sacársela. Finalmente una novia pensó en tirar el ramo y esta costumbre prevaleció desde entonces. Por supuesto, hasta hoy día, la muchacha que agarre el ramo será la próxima en casarse y el muchacho que agarre la liga será el próximo novio!

ORIGEN DE LA LUNA DE MIEL

Los primeros casamientos no fueron por elección sino por captura. Cuando el hombre primitivo creía que era el momento de casarse, cogía a una mujer—contra su voluntad—y la llevaba a un lugar secreto donde ni los padres ni los parientes de ella pudiesen encontrarlos. Mientras la luna pasaba por todas sus fases—alrededor de 30 días—ellos permanecían en ese escondite y bebían un brebaje hecho de agua y miel fermentada. De allí surgió la palabra luna de miel. En nuestros días, esto se ha convertido en un período de tiempo en el que la pareja aprovecha para descansar y divertirse después de tantos preparativos para la boda.

*Cuanto más amor
se comparte,
más rápido crece.*

El matrimonio
es el eslabón de oro
en una cadena
cuyo comienzo
es una mirada fugaz
y el final
es la eternidad

Kahlil Gibran

Capítulo 2

Anillos

ANILLOS

No hay nada mejor que un joyero de confianza a la hora de escoger los anillos. Su pericia les ayudará a hacer una elección que garantice su felicidad y satisfacción a lo largo de los años. Es preferible que usted y su prometido elijan juntos el anillo de compromiso, pues probablemente tienen sus preferencias en cuanto al grabado, el diseño, etc,... Este es también un buen momento para elegir las alianzas de la boda.

Básicamente hay tres metales diferentes a la hora de escoger: oro, platino y paladio. El oro es el más usado en anillos. Puede ser amarillo o blanco. El oro puro (24 K) es demasiado blando para anillos. Las monturas de los anillos de oro son normalmente de 14K a 18K, aleaciones de oro y otro metal más fuerte. El platino es un metal blanco muy caro. Es el metal más duro que se puede encontrar para anillos y normalmente se usa para engarzar las piedras en los anillos de oro. El paladio es similar al platino en color y textura, pero es más ligero y no tan caro.

Por supuesto, el diseño que escojan dependerá de su preferencia personal. Un anillo fino con un solitario (una sóla piedra), es apropiado para una mano pequeña, mientras que una mano más grande admite varias piedras. La mayoría de los joyeros tienen una amplia gama para elegir cúal es el estilo que mejor le va a usted y a su presupuesto.

Cuatro puntos básicos a tener en cuenta cuando se escoge un diamante son: el color, la nitidez, el tallado y los quilates. Cuanto más nítido es un diamante, mayor es su valor. A los diamantes que son muy nítidos e incoloros o de un azul muy pálido, se les considera perfectos. Según aumenta el color de la piedra, su valor va disminuyendo. La nitidez de una piedra está determinada por la ausencia o presencia de defectos exteriores o interiores.

El brillo de un diamante depende de la talla y el diseño que se hayan usado. La talla de un diamante es un proceso preciso y delicado en el cual se pierde casi la mitad del diamante en bruto. Hay varios tipos de tallado o diseños disponibles: con forma de elipse, óvalo, esmeralda, talla única, o sencilla, rectangular, corazón o pera. Los quilates dependerán del tamaño del diamante. Un quilate es equivalente a 100 puntos.

El anillo de compromiso no tiene porqué ser un diamante. Puede que usted se decida por otra de las piedras semipreciosas disponibles.

Por ejemplo, quizá quiera su piedra de nacimiento, o un rubí, esmeralda, zafiro, ópalo o perla, por nombrar algunos.

Brillante • Elipse • Ovalo • Talla en forma • Talla sencilla • En forma • De corazón • Baquette
de esmeralda   de pera

LAS PIEDRAS DE NACIMIENTO Y SU SIGNIFICADO

Enero	Granate o Jacinto	Constancia
Febrero	Amatista	Sinceridad
Marzo	Bloodstone y Aguamarina	Coraje
Abril	Diamante	Inocencia o amor duradero
Mayo	Esmeralda	Exito en el amor
Junio	Perla, Agata, Piedra de la Luna o Adularia	Salud y larga vida
Julio	Rubí u Onice	Alegría
Agosto	Sardonio, Peridonita y Carnelia	Felicidad
Septiembre	Zafiro	Amor
Octubre	Opalo y Turmalina	Esperanza
Noviembre	Topacio	Fidelidad
Diciembre	Turquesa y Lazulita	Prosperidad

Aparte de las tradicionales Piedras de Nacimiento para cada mes del año, hay también piedras para los días de la semana:

Domingo	Topacio y Diamante
Lunes	Perla y Cristal
Martes	Rubí y Esmeralda
Miércoles	Amatista y Magnetita
Jueves	Zafiro y Carnelia
Viernes	Esmeralda y Cat's eye
Sábado	Turquesa y Diamante

De nuevo sus conocimientos de joyería les ayudarán a dar con la elección adecuada cuando elijan sus anillos, de forma que expresen su personalidad y sea algo único que disfruten toda la vida. Una vez tomada la gran decisión, seguramente querrán prestar los cuidados oportunos a su preciado tesoro. Lo primero aseguren el anillo—bien con una póliza a su nombre, al de sus padres, o al de su casero—en caso de robo o pérdida. He aquí algunos trucos para mantener su anillo siempre radiante:

* Quítese el anillo cuando haga las tareas de la casa. La lejía y los detergentes pueden dejar marcas y decolorar la montura.
* Los diamantes pueden rayar las superficies, por lo tanto es necesario envolverlos por separado en papel de seda cuando vayan de viaje. En casa guarde el anillo en un anillero.
* No use el anillo cuando haga deporte o un trabajo muy duro, y así reducirá el riesgo de pérdida.
* Lleve el anillo al joyero una vez al año para que éste revise la montura y la piedra.
* Limpie el anillo al menos una vez al mes:
—Use un detergente líquido y agua templada, cepille luego el anillo con un cepillo pequeño. Ponga su anillo en un colador cuando lo aclare bajo el grifo con agua templada. Séquelo con un paño suave.
—También puede usar agua friá y amoniaco para uso doméstico, mezclado a partes iguales. Déjelo en remojo durante 30 minutos. Séquelo ligeramente e introdúzcalo de nuevo en el líquido y sáquelo en seguida. Déjelo secar al aire sobre papel secante o de cocina.
—Puede usar asimismo uno de los líquidos para limpiar joyas que hay en el mercado.

* ¡Procure que sus manos y uñas estén bien cuidadas, porque todo el mundo querrá ver ese magnífico diamante!

NOTAS

_____

_____

_____

_____

El amor ... es paciencia y bondad; el amor no es celos o vanidad, orgullo o provocación; el amor no lleva la cuenta de las cosas malas o de las equivocaciones; el amor no se alegra con la maldad, pero se alegra con la verdad. El amor nunca se da por vencido; su fe, esperanza y paciencia nunca se acaban.

1 Corintios 13

Capítulo 3

Anuncios

COMO ESCRIBIR EL ANUNCIO EN EL PERIODICO

Una ocasión memorable como ésta podría verse arruinada si el anuncio del compromiso o de la boda en el periódico es incorrecto. Puede abarcar desde un error de escritura en el nombre de una de las damas de honor, a un error mayor como el de casarse con el novio equivocado. Debido a que muchos errores pueden ser debidos a una información confusa, omisiones o escritura ilegible, es muy importante que las personas que entreguen el formulario de la boda sean bien claros en todos los detalles. Estos son algunos pequeños consejos que ayudarán a que el periódico publique la información correcta, y así usted se evite confusiones y frustraciones.

Los anuncios deberán ser enviados al periódico local de su ciudad y a la del novio (si es que éste vive en otro lugar). Si tiene muchos parientes que viven en otra ciudad, también incluya al periódico de ese lugar, y haga lo mismo del lado del novio. Consiga copias del periódico en el que piensa publicar su anuncio para así poder adaptar su anuncio al estilo del periódico. También obtenga información sobre lo que cada periódico requiere.

A continuación se muestran algunos **ejemplos** de lo que un periódico pueda pedirle que complete:

FORMULARIO DE COMPROMISO

1. Cada pareja elegirá publicar una foto de compromiso o de boda. Si eligen publicar una foto de compromiso, deberán entregar la misma dentro de los seis meses anteriores a la boda.
2. Escriba los nombres en la parte de atrás de la foto y envíela con el formulario.
3. Los anuncios de compromiso sin la foto pueden ser imprimidos en cualquier momento hasta un mes antes de la boda.
4. Llene el formulario con sus nombres legales completos (no sobrenombres).

FORMULARIO DE CASAMIENTO

1. Cada pareja elegirá publicar una foto de compromiso o de casamiento. La foto debe ser de la pareja solamente.
2. Debe ser preferentemente un retrato de la pareja en blanco y negro.
3. Llene el formulario con sus nombres legales completos (no sobrenombres).

4. Escriba los nombres en la parte de atrás de la foto y adjúntela al formulario.
5. Envíe el formulario al periódico.
6. Dicha foto puede retirarse de la editorial después de su publicación.

Seguir estos consejos y preparar el anuncio en el periódico con mucho cuidado no garantiza la omisión de errores, pero debería ayudar a que el periódico publique el anuncio de su boda correctamente, digno de ser encuadrado o puesto en el álbum familiar para que todos lo disfruten!

NOTAS

_____

_____

_____

_____

_____

_____

_____

_____

_____

_____

_____

_____

_____

_____

FORMULARIO DE COMPROMISO

Lea atentamente antes de completar el formulario.

Apellido de la novia   Apellido del novio

_____, hija de _____.
Nombre completo de la novia   Sus padres

_____ , _____ , _____ .
dirección   ciudad   estado

se ha comprometido con _____ , hijo de _____ .
Nombre completo del novio

_____ , _____ , _____ .
sus padres   dirección   ciudad

_____ .
estado

La novia asiste a /asistió a/ se graduó en _____
(elija el que corresponda)

_____ , _____ , _____ .
titulo   ciudad   estado

y está empleada en, _____ , _____
nombre de la firma   ciudad

_____ ,El novio asisle a/asishó a/se graduó en _____
estado   (elija el que corresponda)

_____ , _____
titulo   ciudad

_____ ,y está empleada en_____
estado   nombre de la firma

_____ , _____ .
ciudad   estado

Para _____ está planeada la boda.
mes   fecha

¿Se adjuntará una foto? _____

Firma _____Número de teléfono_____

FORMULARIO DE CASAMIENTO
Lea atentamente antes de completar el formulario.

_____   _____
Apellido de la novia   Apellido del novio

_____ y _____contrajeron
Nombre completo de la novia   Nombre completo del novio

enlace matrimonial_____, en _____
                  fecha y día   nombre completo de la iglesia

_____ , _____ , _____, por el Reverendo _____.
ciudad   estado   nombre completo del Pastor o Sacerdote

Los padres de los novios son _____ , _____,
     nombres de los padres de la novia   dirección

_____, _____ y_____,
ciudad   estado   nombres de los padres del novio

_____ , _____, _____.
     dirección   ciudad   estado

Los padrinos y las damas de honor de la pareja fueron (nombres
completos por favor, preste atención a la ortografía)

_____ ,_____ ,_____,

_____ ,_____ ,_____,

y _____ Los invitados fueron ubicados por_____,

y _____.

La novia trabaja en/ asiste a _____
(elija lo que corresponda)   Nombre de la compañía o de la escuela

_____ , _____,
     ciudad   estado

El novio trabaja en/esiste a _____,_____,
(elija lo que corresponda)Nombre de la compañía o de la escuela ciudad

_____ ,Irán de viaje de bodas a _____
     estado

_____,os recién casados vivirán en _____
                                                  ciudad   estado

¿Se adjuntará una foto? _____   Nombre del fotógrafo_____
Firma _____   Número de teléfono _____

NOTAS

_____

_____

_____

_____

_____

_____

_____

_____

_____

_____

_____

_____

_____

_____

_____

_____

_____

_____

_____

_____

_____

_____

_____

_____

_____

_____

Nuestro amor
va más
allá del tiempo.
Más allá
de los días.
Permanecerá siempre vivo.

D. Steward

Capítulo 4

Calendarios

CALENDARIO DE LA NOVIA

DE SEIS A DOCE MESES ANTES DE LA BODA
___ Hágase con una guía para planear su boda, como por ejemplo ésta.
___ Decida el tipo de boda que quieren—formal o informal.
___ Decida también el lugar de la ceremonia y la recepción.
___ Decida el presupuesto (tenga en cuenta a los padres.)
___ Decida la fecha.
___ Determine el número de invitados.
___ Visite al parroco o vaya al juzgado con su prometido.
___ Decida el número de damas de honor, padrino del novio, personal involucrado, etc.,. Elíjanlos.
___ Planée el color o colores que quiere para su boda.
___ Reserve la iglesia.
___ Reserve el lugar de la recepción y hable con el encargado del banquete.
___ Seleccione y encargue los vestidos y accesorios.
___ Seleccione y encargue **su** propio vestido y accesorios.
___ Empiecen una lista para las dos partes.
___ Ponga la Lista de Bodas en sus tiendas preferidas.
___ Piensen en su nueva casa; dónde va a estar y qué tipo de mobiliario desea.
___ Pida catálogos para la luna de miel o visite alguna agencia de viajes.
___ Encargue los anillos.
___ Seleccione y reserve el fotógrafo o la persona que les va a grabar en vídeo.
___ Elija la floristería.
___ Seleccione la música para la ceremonia y la recepción o el baile. Si la ceremonia es en una iglesia hablen con el párroco para planear la música según las exigencias de la liturgia.   Es muy importante.
___ Escoja a los ayudantes.
___ Piense en hacer un inventario antes de la boda.   O en pedir consejo a su párroco, ministro, rabí, o alguna pareja que pertenezca a la parroquia y familiaricese con el procedimiento.

TRES MESES ANTES DE LA BODA
___ Complete la lista de invitados.

___ Encargue las invitaciones, tarjetas de agradecimiento, servilletas, papel y sobres personales, tarjetas para colocar a los invitados en la mesa en la recepción, programas para la ceremonia, álbum de la boda, libro de invitados, etc.,.

___ Compre el ajuar.

___ Confirme la fecha de entrega de los vestidos.

___ Confirme la fecha con el fotógrafo o la persona que vaya a grabar la boda en vídeo.

___ Confirme la fecha con el/la florista.

___ Confirme la fecha con el encargado del banquete.

___ Confirme la fecha con los músicos.

___ Llegue a un acuerdo con la iglesia o la sinagoga.

___ Haga las reservas para la luna de miel.

___ Pida una cita con el médico para hacerse una revisión completa. Piense también en hacerse un análisis de sangre si es obligatorio en su estado.

___ Decidan las fechas para asistir a los cursillos prematrimoniales que se ofrezcan en su parroquia cuando sea necesario.

___ Decida y reserve su medio de transporte.

___ Compre el atuendo de la madre.

___ Encargue el atuendo de los hombres.

___ Hágase cargo de las pruebas de vestuario para los ayudantes.

___ Comience a escribir las invitaciones.

DOS MESES ANTES DE LA BODA

___ Termine de escribir las invitaciones. Incluya R.S.V.P. si lo tiene.

___ Planée el almuerzo de las damas de honor.

___ Planée el ensayo del banquete.

___ Piense en ir con su prometido por la licencia de matrimonio.

___ Planée la exposición de los regalos recibidos.

___ Encargue la tarta de la boda.

UN MES ANTES DE LA BODA

___ Pruebas finales de zapatos y complementos.

___ Planée las despedidas de soltero y soltera.

___ Haga las reservas de hotel o alojamiento para los invitados que vengan de fuera.

___ Pida una cita en el salón de belleza para el cortejo nupcial.

___ Envíe las invitaciones.

___ Termine los planes para ensayar el banquete.

___ Háganse una foto de pareja.

___ Dé el toque final al asunto del transporte.

___ Envíe el anuncio de la boda y la foto de la pareja al periódico local.

___ Revisen la cobertura de su seguro y en caso necesario hagan los cambios oportunos.

___ Cambie su nombre en el carnet de conducir (actualice la fecha).

___ Cambie su nombre en la tarjeta de la seguridad social (actualice la fecha).

___ Cambie su nombre en las cuentas de crédito (actualice la fecha).

___ Cambie su nombre en las cuentas de bancarias (tarjetas de crédito, etc. (actualice la fecha)).

___ Escriba tarjetas de agradecimiento según vaya recibiendo los regalos.

DOS SEMANAS ANTES DE LA BODA

___ Vaya con su prometido a recoger la licencia matrimonial.

___ Decidan la disposición de los asientos para la recepción o la fiesta.

___ Escriban las tarjetas para la mesa del banquete con los nombres de los invitados.

___ Notifique a la oficina de correos su cambio de dirección y la fecha actual.

___ Ordene su nueva casa.

___ Instale el teléfono.

___ Finalice y revise **todos** los preparativos.

UNA SEMANA ANTES DE LA BODA

___ Confirme los planes del ensayo.

___ Prepare la maleta para la luna de miel.

___ Si surge alguna responsabilidad en concreto. (Comuníqueselo a los ayudantes.)

EL DIA ANTES DE LA BODA

___ ¡RELAJESE Y DISFRUTE ESTE DIA ESPECIAL!

CALENDARIO DEL NOVIO

El novio tradicionalmente tiene menos responsabilidades que la novia a la hora de planear la boda, pero su participación es muy importante. He aquí una lista de lo que necesita hacer:

SEIS MESES ANTES DE LA BODA

___ Encargue el anillo de boda/compromiso de la novia.

___ Comience a hacer la lista de invitados.

___ Organice un encuentro con su párroco o el juez de paz.

___ Si van a compartir los gastos de la boda, coméntelo con su prometida y los padres de ésta.

___ Decida con su prometida el número de acomodadores que necesitarán (más o menos uno por cada 50 invitados) y comiencen a escogerlos.

___ Hable con la novia sobre la luna de miel y empiecen a hacer las reservas del medio de transporte y el alojamiento.

___ Si van a viajar al extranjero asegúrese de que su pasaporte sigue vigente, encárguese del visado e infórmese sobre las vacunas.

TRES MESES ANTES DE LA BODA

___ Complete la lista de invitados y désela a su pareja.

___ Hable sobre su indumentaria para la boda y encárguela.

___ Decida quién va a ser su padrino y los acomodadores. Invíteles a participar.

___ Hable con los ayudantes sobre sus trajes.

___ Complete los planes de la luna de miel, compre los billetes.

UN MES ANTES DE LA BODA

___ Escoja las flores y el ramo de la novia, consulte con su prometida sobre los flores en la solapa para los hombres que participan en la boda y el ramo de la madre.

___ Recoja el anillo de la novia; compruebe el grabado.

___ Encárguese del alojamiento de los invitados que vengan de fuera.

___ Escoja los regalos para la novia y sus ayudantes.

___ Asegúrese de que los documentos que necesita—legales, médicos y religiosos—están en regla.

___ Asegúrese de que los ayudantes han encargado su ropa.

DOS SEMANAS ANTES DE LA BODA

___ Vaya con su prometida a recoger la licencia matrimonial.

___ Compruebe los preparativos para la despedida de soltero (en caso de que la vaya a tener).

___ Disponga con su padrino el medio de transporte desde el lugar de la recepción al aeropuerto (o desde donde salgan para su luna de miel).

___ Compruebe las reservas de la luna de miel.

UNA SEMANA ANTES DE LA BODA

___ Entregue los regalos a sus ayudantes (en la despedida de soltero).

___ Recuerde a su padrino y acomodadores la hora y lugar del ensayo de la ceremonia, e infórmeles de los detalles del ensayo del banquete.

___ Concrete con el encargado de los acomodadores si hay alguna disposición especial de los invitados en la mesa.

___ Meta el estipendio para el párroco o el juez de paz en su sobre y entrégueselo al padrino. (El se lo horá llegar al destinario).

___ Prepare la ropa que se va a poner después de la boda para que puedan partir rápidamente.

___ Haga las maletas para la luna de miel.

___ Lleve sus pertenencias a su nueva casa.

EL DIA ANTES DE LA BODA

___ ¡RELAJESE Y DISFRUTE ESTE DIA ESPECIAL!

ASESORES NUPCIALES

Hoy en día muchas familias están tan ocupadas que contratan los servicios de un asesor nupcial. Esta persona asume toda la responsabilidad de la boda—desde los atuendos y primeros planes hasta la recepción y el medio de transporte. El o ella será la persona autorizada en todos los aspectos en los planes de la boda y será capaz de llevar a cabo todos los detalles de principio a fin.

Recuerden, no obstante, que éste es el dia de su boda. Ustedes y sus familias deberán tener todo lo que deséen y un buen asesor nupcial lo sabe.

Para más información, pónganse en contacto con Robbi Ernst, III de June Weddings, Inc., Teléfono (415) 989-0120.

NOTAS

_____

_____

_____

El amor es el mejor regalo
que se nos ofrece
para que lo compartamos.

Capítulo 5

¿Quién se hace cargo de los gastos?

QUIEN PAGA QUE

No existen reglas inquebrantables sobre quién paga qué. Tradicionalmente, los gastos de la boda estaban a cargo de la familia de la novia, mientras que era responsabilidad del novio comprar los anillos y pagar la luna de miel. Aunque las tradiciones todavía juegan un papel importante en nuestra cultura, las obligaciones financieras frecuentemente deben dar paso a la realidad de nuestros días. Al preparar la boda, los padres de los novios junto con la pareja que va a contraer matrimonio, deberían reunirse para discutir los asuntos económicos. Es indispensable para cada familia poner en claro todo tipo de límites económicos que se tenga—para prevenir malentendidos o malos ratos más tarde cuando ya los planes definitivos se hayan hecho. Si los padres del novio tienen los medios necesarios y desean hacerlo, pueden ofrecerse en cualquier momento a pagar parte, la mitad o todos los gastos de la boda.

A continuación les ofrecemos una lista de quién paga tradicionalmente qué, pero la decisión final realmente depende de quién desea y puede afrontar los gastos.

LA NOVIA

___ La alianza del novio (si es que hay dos anillos, el de compromiso y la alianza).

___ Un regalo de boda para el novio.

___ Regalos para las damas de honor.

___ Invitaciones.

___ Hospedaje para las damas de honor que residan en otro lugar.

___ Examen médico y análisis de sangre.

EL NOVIO

___ Los anillos para la novia.

___ Regalo de boda para la novia.

___ Certificado de matrimonio.

___ Regalos para sus padrinos y para los acomodadores.

___ Flores—el ramo de la novia. Un ramillete para que la novia se lo coloque en la muñeca o en el vestido, los ramilletes de las madres y las flores del ojal de los padrinos.

___ Hospedaje para sus padrinos y los acomodadores que vengan de otro lugar.

___ Análisis de sangre.

___ Guantes, corbatas o sombreros para los hombres del cortejo.

___ Honorarios del juez o del clérigo.
___ La luna de miel.
___ Despedida de soltero (opcional).

LA FAMILIA DE LA NOVIA

___ El costo total de la recepción: el alquiler del salón de fiesta, si la recepción no se realiza en la casa; el servicio de banquete; la comida (incluyendo el pastel de boda); las bebidas; los camareros; la decoración; la música; las flores.
___ Un regalo de boda para los recién casados.
___ El guardarropas de la novia.
___ Las invitaciones, anuncios, notas de agradecimiento, servilletas, etc., y el costo de envío de dicha correspondencia.
___ Los honorarios de las fotos del compromiso y del casamiento.
___ La ceremonia—alquiler del templo; honorarios del organista, coro, etc.; alfombra; y todos los otros gastos de decoración.
___ Los ramos de flores de las damas de honor.
___ Propina para los policías que dirigirán el tráfico y/o el estacionamiento.
___ Transporte de los padrinos y las damas de honor desde la casa de la novia al lugar de la ceremonia, y de allí al sitio donde se llevará a cabo la recepción.
___ El almuerzo de las damas de honor.
___ La cena de ensayo (opcional)
___ Los muebles para el hogar de la nueva pareja—desde la ropa blanca, porcelana, cubiertos, y cristalería hasta los muebles (opcional).

LA FAMILIA DEL NOVIO

___ Sus atuendos.
___ Todos los gastos del viaje, incluídas las cuentas del hotel.
___ Un regalo de boda para los recién casados.
___ La cena de ensayo o cualquier otro gasto del que deseen hacerse cargo (opcional).

EL CORTEJO

___ Sus atuendos.
___ Sus gastos de viaje.
___ Regalo para los recién casados.

LOS INVITADOS
___ Gastos del viaje, incluyendo gastos de hotel.
___ Regalo para la nueva pareja.

NOTAS

*El amor nos da la libertad
de dar lo mejor de nosotros mismos
en favor de una amistad
más profunda*

Capítulo 6

וקול שמחה

Presupuesto

El Presupuesto

La Cermonia	Costo Estimado	Costo Real
	$	$
Iglesia o local de la ceremonia	$	$
Predicador	$	$
Organista	$	$
Músicos	$	$
Solista	$	$
Persona que hace la colecta	$	$
Velas, Cirio Nupcial	$	$
Dosel	$	$
Decoración	$	$
(aparte de las flores)		
Otros gastos...	$	$
PMI	$	$
	$	$
	$	$
	$	$
TOTAL	$	$

La Recepción	Costo Estimado	Costo Real
Alquiler del local	$	$
Pastel	$	$
Comida	$	$
Entretenimiento	$	$
Licores	$	$
Decoración	$	$
(aparte de los flores)		
Otros gastos...		
	$	$
	$	$
	$	$
TOTAL	$	$

El Fotógrafo/la Persona que Grabe la Boda en Vídeo

	Costo Estimado	Costo Real
La pedida	$	$
Fotografía en papel glaseado	$	$
Boda	$	$
Glossy	$	$
Album de fotos	$	$
Fotografías espontáneas	$	$
Montaje en vídeo	$	$

Otros gastos...

_____	$	$
_____	$	$
_____	$	$
_____	$	$
TOTAL	$	$

Material de Escritorio

	Costo Estimado	Costo Real
Invitaciones/Anuncios	$	$
R.S.V.P.'S	$	$
Tarjetas de agradecimiento	$	$
Servilletas impresas	$	$
Cerillas	$	$
Caja del pastel	$	$
Libro de invitados	$	$
Programas de la ceremonia	$	$
Recordatorios de la recepción	$	$
Posibles decoraciones	$	$

Otros gastos...

_____	$	$
_____	$	$
_____	$	$
TOTAL	$	$

Las Flores	Costo Estimado	Costo Real
(LUGAR DE LA CERMONIA)		
Altar	$	$
(Excepto en las iglesias católicas)		
Bancos	$	$
Ramo de la novia	$	$
Ramos de las damas de honor	$	$
Flores en la solapa	$	$
Ramilletes	$	$
Posiblemente el pasillo	$	$
(LUGAR DE LA RECEPCION)		
Local	$	$
Mesa del buffet	$	$
Mesas de invitados	$	$
Mesa del pastel	$	$
Otros gastos...		
_____	$	$
_____	$	$
_____	$	$
_____	$	$
TOTAL	$	$

El Vestuario de la Boda	Costo Estimado	Costo Real
Vestido de la novia	$	$
Adornos en el pelo	$	$
Velo	$	$
Zapatos	$	$
Lencería	$	$
Joyería	$	$
Accesorios	$	$
Otros gastos...		
_____	$	$
_____	$	$
TOTAL	$	$

Los Regalos

	Costo Estimado	Costo Real
El novio		
El portador del anillo del novio	$ _____	$ _____
Ayudantes/Acomodadores	$ _____	$ _____
Anfitrión/Anfitrona	$ _____	$ _____
Encargado del libro de invitados	$ _____	$ _____
La persona que sirve el pastel	$ _____	$ _____
Ayudantes personales	$ _____	$ _____

Otros gastos...

	Costo Estimado	Costo Real
_____	$ _____	$ _____
_____	$ _____	$ _____
_____	$ _____	$ _____
_____	$ _____	$ _____
TOTAL	$ _____	$ _____

El Transporte

	Costo Estimado	Costo Real
Limousine		
Aparcamiento/Guardacoches	$ _____	$ _____

Otros gastos...

	Costo Estimado	Costo Real
_____	$ _____	$ _____
_____	$ _____	$ _____
TOTALS	$ _____	$ _____

Gastos Varios

	Costo Estimado	Costo Real
_____	$ _____	$ _____
_____	$ _____	$ _____
_____	$ _____	$ _____
_____	$ _____	$ _____

	$	$
	$	$
	$	$
	$	$
	$	$

TOTAL $_____ $_____

GASTO TOTAL DE LA BODA $_____ $_____

NOTAS

En la primavera
las fantasías de una niña
son un sinfin de cosas—corazones,
flores,
la despedida de soltera,
romance y
anillos de boda.

Capítulo 7

La Despedida de Soltera

LA DESPEDIDA DE SOLTERA

La despedida de soltera es una costumbre que viene de un molinero holandés muy pobre que se enamoró de una mujer cuyo padre se oponía a la boda y por lo tanto se negaba a darle la dote. Los amigos del molinero decidieron entonces *"duchar" a la novia con regalos para que así estos pudieran fundar su nuevo hogar. *Note—En inglés la palabra "shower," significa despedida de soltero/soltera y duchar.

Tradicionalmente la despedida de solteros, era una reunión para las mujeres solamente, pero en nuestros días es posible que incluya tanto a hombres como a mujeres. La despedida de soltero del novio y de la novia juntos es una buena oportunidad para que se conozcan los amigos de ambos. Además, es más fácil planear una reunión donde los dos disfruten.

Cualquiera de los amigos del novio o de la novia puede ofrecer la reunión de despedida. Por tradición no debe ser un familiar cercano. Póngase de acuerdo con sus amigas en una fecha en que no esté tan ocupada con los preparativos de la boda. Consulte con ellas dónde puede poner su lista de boda. Quizás quiera también elegir el tema de la despedida. Les ofrecemos a continuación algunas ideas para los temas:

Artículos de cocina — Las despedidas de soltera que llevan esto como tema ofrecen un amplio margen de regalos, ideas y precios.

Colador, pelapapas, etc.

Utensilios de cocina, moldes para hornear.

Pequeños electrodomésticos, reloj, sartén eléctrica, cafetera eléctrica, abridor de latas eléctrico, freidora, batidora manual, máquina para palomitas, etc.

Distintos tipos de latas para guardar cosas.

Rueda de especias.

Cubiertos

Tabla de picar

Juego de utensilios

Taza o cuchara para medir

Jarros

Libros de cocina/ recetarios

Salero y pimentero

Franelas para limpiar

Toallitas de cocina/ paños, repasadores/ detergente/ jabón
para lavar ropas/ estropajos, manoplas, etc.
Delantales
Fuentes, recipientes para el congelador, etc.

Bar — Todas aquellas bebidas que la pareja necesite para formar su propio bar en casa.

Bebidas alcohólicas (whisky, vodka, etc.)	Vinos
Licores	Aperitivos
Mezclador de bebidas	Vasos/ copas
Cubetera	Coctelera
Utensilios para usar en el bar	Posavasos
Guía para mezclar bebidas	Licuadora
Botellón	Ponchera
Jarras	Sacacorchos
Rejilla para colocar el vino	Triturador de hielo

Artículos personales — Para mimar al novio y a la novia en esta ocasión tan especial.

Para ella	**Para él**
Peignoir set	Pijama
Camisón	Bata
Bata	Zapatillas
Baby-doll	Loción para después
Conjunto de ropa interior	de afeitarse/colonia
Corpiño/camiseta	Afeitadora
Combinación	Calculadora
Zapatillas	Papeles con su monograma
Perchas acolchadas	Botiquín de viaje
Perfumes/esencias/jabones	Reloj despertador de viaje
Bolsita de polvos o perfumes	Albornoz
Talco	
Papeles con su monograma	
Colonia	

Plantas/Jardinería

Variedad de plantas	Libro sobre plantas
Tiestos	Macetero
Fertilizantes	Semillas/ bulbos
Herramientas de jardinería	Guantes
Utensilios de jardinería	Maceteros colgantes

Ropa de mesa y cama

Servilletas/servilleteros	Sábanas
Manteles individuales	Almohadas
Toallitas/trapos/paños	Fundas
De cocina	Edredón
Manoplas/agarraderas	Mantas
Juego de toallas de baño, de manos	Manta eléctrica
Accesorios para el baño	Colcha
Alfombra de baño	Cesto para la ropa sucia
Balanza	Cortina para el baño
Toallitas de mano	Almohadones
Juego de alfombra y	Manteles
tapadera para la taza	

Gastronomía — Una idea para la despedida de una pareja que disfruta en la cocina.

Procesadora	Mezclador
Tostadora	Delantales
Cafetera eléctrica	Hibachi
Moldes	Moledor de café
Máquina para hacer crepes	Olla a presión
Vinagres	Conservas
Condimentos/especias	Tabla para los quesos
Cestas	Ensaladera
Fiambrera	Horno de microondas
Yogurtera	Heladora
Juguera	Fuentes
Libro de recetas	Molde para hacer suflé

Máquina para hacer huevos poché/hervido/pasado por agua
Paquetes de comidas listas para preparar
Sartén para hacer comidas orientales
Bandejas para mantener la comida caliente

Regalos para los dos

Juego de porcelana china
Vajilla informal
Juego de cubiertos para todos los días
Candelabros de plata
Juego de maletas
Televisor
Equipo de música/stereo
Parrilla a gas
Gift certificates

Juego de acero inoxidable
Jarras de cristal
Radio
Juegos electrónicos
Cámara de fotos/lentes
Equipo de ropa deportiva
Aspiradora/enceradora
Video casetera
Equipo de jardinería

Barbacoa

Parrilla
Liquido para encender el fuego
Recetas para hacer carne asada

Utensilios para asar
Carbón

Recetas — Cada invitado lleva su receta preferida y algunos de los ingredientes o utensilios necesarios para hacer dicha comida.

Tarjetas para escribir recetas
Libros de recetas

Archivador de recetas
Recetario

Despensa/Comestibles

Comida enlatada   Comida preparada
Cualquier cosa para poner en los armarios—imanes,etc.

Artículos de papel

Manteles individuales
Toallas de papel
Papel de cartas

Servilletas
Subscripciones a revistas
Libros

Tupperware

Cualquiera de esos productos —recipientes, etc.

Cristalería

Cualquier cosa de cristal/vidrio.

Por supuesto que éstas son sólo unas cuantas ideas para la despedida de solteros. La lista puede continuar dependiendo de lo que la pareja necesite o desee. ¡Deje simplememte volar su imaginación!

Si la pareja no tiene prácticamente nada, una despedida de solteros con un tema general es quizás lo mejor que se pueda hacer, incluso si se incluye al novio. Si la pareja ya tiene algo para su hogar, una despedida de solteros basada en un tema es lo más práctico. De este modo se puede ofrecer a la pareja cosas útiles y de lujo a la misma vez. De cualquier modo, consulte las listas de boda, la familia y amigos mutuos para que le sugieran algunos regalos. Cuando usted decida el tipo de despedida que ofrecerá, asegúrese de especificarlo en la invitación. La parte más emocionante de la despedida de solteros es ver al novio y a la novia abrir los regalos. Asegúrese de que algún invitado/a tome nota de quién regala qué para que la novia lo sepa cuando mande las notas de agradecimiento. Consiga a alguien que tome fotos en la despedida. Este podría ser un excelente regalo por parte del fotógrafo. Ella o él quizás quiera hacer un álbum de fotos de la despedida.

El tipo de bebida que se sirva dependerá del momento del día en que se lleve a cabo la despedida. Los refrescos deben ser tan simples como sea posible. Ensaladas, bocadillos, sandwiches, hamburguesas,etc. es lo más fácil de hacer y pueden hacerse con tiempo.

NOTAS

---

*Qué bella puede ser la vida
cuando estamos enamorados*

Capítulo 8

Lista De Boda

LISTA DE BODA

La lista de boda es un servicio gratuito que ofrecen los grandes almacenes y tiendas especializadas que la oportunidad de poner en una lista los objetos queusted realmente quiere o necesita. Esto da les facilita la tarea a los invitados porque tienen la seguridad de van a elegir algo que usted realmente quiere. Evite asimismo escoger regalos que no están a tono con su nivel de vida y si puede evite tambien los regalos repetidos que luego tendrá que descambiar. Debería poner la lista de bodas en su tienda favorita poco después del compromiso. Esto le será útil a los invitados que inviten a las fiestas de compromiso y despedidas de solteros. Mucha gente se ofende si alguien les da dinero en vez de regalos. Es importante tenerlo en cuenta.

Adelante es algo de trabajo escogiendo con antelación los objetos de su nueva casa. Escoja estos articulos con su pareja, puesto que los dos van a compartirlos. Echen un vistazo a diferentes revistas, periódicos, tiendas, etc., para escoger el estilo que desean. Luego vayan a donde piensen poner la lista de boda que les asesorará si tienen alguna duda sobre como combinar el mobiliario y les aconsejará en general sobre su nuevo hogar.

Les ofrecemos a continuación una guía útil a la hora de seleccionar esos artículos. Asegúrese de comunicar a la tienda donde tiene su lista los regalos que ha recibido, para que puedan relirarlos de la lista y evitar repeticiones. Tengan en cuenta que algunas tiendas ofrecen listas para **el novio** y para la **novia**.

ROPA DE CAMA

Antes de escoger su ropa de cama y la mantelería es aconsejable conocer las medidas. ¿Es su cama doble, tamaño reina (queen) o rey (king-size)? La mesa del comedor es rectangular, cuadrada o redonda? ¿Cuánto mide sin extender? ¿extendida?

El patrón de mi ropa de cama es _____ .
El tamaño de mi cama es _____ .
El tamaño de mi almohada es_____ .
Las medidas de la mesa del comedor son____(cerrada) y ___(abierta).
La medidas de la mesa de la cocina son____ _(cerrada) y ___(abierta).

Hoy desposaré a mi amigo, aquél con el que me rió,
para el que vivo, con el que sueño, amor

MANTELERIA Y OTROS ACCESORIOS

	Tamaño	Color	Cantidad Requerida	Recibida
Mantelería	___	___	___	___
Servilletas	___	___	___	___
Servilleteros	___	___	___	___
Manteles individuales	___	___	___	___
Balletas para los platos	___	___	___	___
Trapos para los platos	___	___	___	___
Trapos para fregar	___	___	___	___
Agarradores o manoplas para los utensilios calientes	___	___	___	___
Delantales	___	___	___	___
Cubiertas para los electrodomésticos ésticos	___	___	___	___

CUARTO DE BAÑO

	Tamaño	Color	Requerida	Recibida
Sábanas de baño	___	___	___	___
Toallas de ducha	___	___	___	___
Toallas de manos	___	___	___	___
Toallitas para lavarse	___	___	___	___
Toallas para huéspedes	___	___	___	___
Felpudo para la bañera	___	___	___	___
Juego de alfombra y tapadera para la taza del baño	___	___	___	___
Cortina para la ducha	___	___	___	___
Báscula	___	___	___	___
Cesto para la ropa	___	___	___	___
Otros	___	___	___	___

ROPA DE CAMA

	Tamaño	Color	Requerida	Recibida
Sábanas sencillas	___	___	___	___
Sábanas ajustables	___	___	___	___
Fundas para almohadas/ almohadones	___	___	___	___
Almohadas	___	___	___	___
Mantas	___	___	___	___
Colcha	___	___	___	___
Edredón	___	___	___	___
Protectores de la colcha	___	___	___	___

Protectores de la
  almohada
Manta eléctrica

VAJILLA

Mi vajilla FORMAL es   Mi vajilla INFORMAL es

De_____   De_____
Número de servicios _____   Número de servicios_____

Cantidad			Cantidad	
Requerida	Recibida		Requerida	Recibida
_____	_____	Platos de cena	_____	_____
_____	_____	Platos de almuerzo/		
		ensalada	_____	_____
_____	_____	Platos de postre	_____	_____
_____	_____	Platos para el pan		
		y la mantequilla	_____	_____
_____	_____	Cuencos para la sopa	_____	_____
_____	_____	Cuencos para la fruta/		
		cereales	_____	_____
_____	_____	Platos y tazas de té	_____	_____
_____	_____	Platos y tazas de café	_____	_____
_____	_____	Tacitas de café		
_____	_____	demitasse y platillos	_____	_____
_____	_____	Tazas grandes para		
		el café (mugs)	_____	_____
_____	_____	Fuente cubierta para		
		los vegetales	_____	_____
_____	_____	Fuente(s) plana(s)	_____	_____
_____	_____	Fuente honda o ensaladera____	_____
_____	_____	Cafetera	_____	_____
_____	_____	Tetera	_____	_____
_____	_____	Azucarero y jarra		
		para la crema	_____	_____
_____	_____	Salsera	_____	_____
_____	_____	Salero y pimentero	_____	_____
_____	_____	Casserole dishes	_____	_____

ACCESORIOS PARA SERVIR

Mis Accesorios FORMALES
son_____

_____

De_____

Mis Accesorios INFORMALES
son_____

_____

De _____

Cantidad Requerida	Cantidad Recibida		Cantidad Requerida	Cantidad Recibida
___	___	Calientaplatos	___	___
___	___	Compote	___	___
___	___	Servicio de café	___	___
___	___	Servicio de té	___	___
___	___	Bandejas para servir	___	___
___	___	Garrafas	___	___
___	___	Jarras	___	___
___	___	Carrito para servir	___	___
___	___	Salvamanteles	___	___
___	___	Platos para tartas	___	___
___	___	Cestitas	___	___
___	___	Cuencos para ensalada	___	___
___	___	Tabla para el queso	___	___
___	___	Sopera	___	___
___	___	Platillo para duces	___	___
___	___	Fuente	___	___
___	___	Candelabros	___	___

BATERIA Y EQUIPAMIENTO DE COCINA

Cantidad Requerida	Cantidad Recibida	
___	___	Cacerolas (varios tamaños)
___	___	Sartenes (varios tamaños)
___	___	Cazuelas con tapa (varios tamaños)
___	___	Bandejas para el homo (varios tamaños)
___	___	Recipiente para el baño María
___	___	Stockpot
___	___	Asador y rejilla
___	___	Wok
___	___	Homo Holandés (Dutch oven)
___	___	Platos para el souffle

_____ _____	Sartén para tortillas
_____ _____	Fuente para la quiche
_____ _____	Bandejas para galletas
_____ _____	Moldes para panecillos
_____ _____	Moldes para pan
_____ _____	Moldes para bizochos
_____ _____	Recipiente para fondue
_____ _____	Hervidor de agua para el té
_____ _____	Juego de tarros
_____ _____	Cubertería
_____ _____	Tablas para cortar
_____ _____	Tarro para las galletas
_____ _____	Juego de utensilios
_____ _____	Reloj con cronómentro
_____ _____	Balanza para alimentos
_____ _____	Fuente honda para mezclar ingredientes
_____ _____	Recipentes para aguardar alimentos
_____ _____	Reloj de cocina
_____ _____	Rueda de especias
_____ _____	Batidor de huevos
_____ _____	Abridor de latas/botellas
_____ _____	Tazas de medidas
_____ _____	Cucharas de medidas
_____ _____	Rallador
_____ _____	Escurridor
_____ _____	Colador
_____ _____	Cucharillón para el helado
_____ _____	Pelaverduras
_____ _____	Baster, para extraer el jugo de la carne y verterlo sobre ella
_____ _____	Batidora
_____ _____	Termémetro
_____ _____	Cortaqueso
_____ _____	Libros de cocina

NOTAS

_____

_____

CRISTALERIA

Mi CRISTALERIA para las
ocasiones especiales es

Mi CRISTALERIA de diario es

_____

De_____

De _____

Número de servicios _____

Número de servicios_____

Cantidad			Cantidad	
Requerida	Recibida		Requerida	Recibida
_____	_____	Copa de agua	_____	_____
_____	_____	Tumbler	_____	_____
_____	_____	Zumo de fruté	_____	_____
_____	_____	Té helado	_____	_____
_____	_____	Sorbete	_____	_____
_____	_____	Vaso de whisky	_____	_____
_____	_____	Coctel	_____	_____
_____	_____	De estilo antíguo	_____	_____
_____	_____	Champán	_____	_____
_____	_____	Vino	_____	_____
_____	_____	Brandy	_____	_____
_____	_____	Cerveza	_____	_____
_____	_____	Jarras	_____	_____
_____	_____	Vasos para cordials	_____	_____
_____	_____	Botellones	_____	_____

NOTAS

_____

_____

_____

_____

_____

_____

CUBERTERIA

Mi CUBERTERIA formal es   Mi CUBERTERIA informal es

De_____   De _____

Número de servicios _____   Número de servicios_____

Cantidad Requerida	Recibida		Cantidad Requerida	Recibida
_____	_____	Cuchillos normales	_____	_____
_____	_____	Tenedores normales	_____	_____
_____	_____	Tenedores de ensalada	_____	_____
_____	_____	Cucharillas soperas	_____	_____
_____	_____	Cucharillas de té	_____	_____
_____	_____	Cucharas para servir	_____	_____
_____	_____	Cucharón para la salsa	_____	_____
_____	_____	Paleta para servir tartas	_____	_____
_____	_____	Cuchillo para tartas	_____	_____
_____	_____	Tenedor de servir escabechados/ alimentos en vinagre	_____	_____
_____	_____	Tenedor de trinchar	_____	_____
_____	_____	Cuchillo para el queso	_____	_____
_____	_____	Cuchillo para servir mantequilla	_____	_____
_____	_____	Cuchillo para untar Silver chest	_____	_____
_____	_____	Cuchillos de carne	_____	_____
_____	_____	Juego de cuchillos	_____	_____
_____	_____	Juego para servir ensalada	_____	_____

NOTAS

_____

_____

_____

_____

PEQUEÑOS ELECTRODOMESTICOS

Cantidad
Requerida   Recibida

____	____	Tostador
____	____	Batidora de brazo
____	____	Batidora de vaso
____	____	Procesador de alimentos
____	____	Cafetera
____	____	Sartén
____	____	Plancha para waffles
____	____	Abrelatas
____	____	Cuchillo eléctrico/rebanador
____	____	Hornillo para tostar
____	____	Bandeja térmica
____	____	Slow cooker/Crock pot
____	____	Máquina para palomitas
____	____	Heladera
____	____	Aparato para hacer pasta
____	____	Licuadora
____	____	Olla a vapor
____	____	Hervidor de huevos
____	____	Wok
____	____	Horno microondas/convencional

NOTAS

_____

_____

_____

_____

_____

_____

_____

_____

MISCELANEA

Cantidad
Requerida Recibida

_____	_____	Aspiradora
_____	_____	Escoba eléctrica
_____	_____	Plancha
_____	_____	Tabla de plancha
_____	_____	Caja de herramientas
_____	_____	Extintor de incendios
_____	_____	Alarma de incendios
_____	_____	Equipo para el césped
_____	_____	Maletas
_____	_____	Máquina de coser
_____	_____	Barbacoa
_____	_____	Equipamiento deportivo
_____	_____	Muebles
_____	_____	Alfombras
_____	_____	Lámparas
_____	_____	Mesa de juegos/silla
_____	_____	Bandejas para la televisión
_____	_____	Relojes decorativos
_____	_____	Ceniceros
_____	_____	Velas/Candelabros
_____	_____	Jarrones
_____	_____	Decoración para las paredes
_____	_____	Otros

NOTAS

*La felicidad es tan estrecha
que dos no pueden caminar por ella
... a menos que se vuelvan uno.*

Capítulo 9

El Certificado de Matrimonio

EL CERTIFICADO DE MATRIMONIO

Cada estado establece sus requisitos para obtener el certificado de matrimonio y puede obtenerse en la mayoría de las Cortes de Justicia de los diferentes distritos. Los requisitos varían en cada estado, pero generalmente incluyen lo siguiente:

_____ Solicitud y pago de los honorarios para obtener el certificado de matrimonio. Solicítelo con suficiente tiempo en caso de que haya un período de espera antes de que se lo concedan. Existe también un período de espera entre el día en que se emite el certificado y el día en que se lleve a cabo la ceremonia, dicha licencia deberá ser firmada por la persona que lleve a cabo el casamiento y por los testigos. Además, preste atención a si la licencia tiene una fecha de vencimiento dentro de la cual el casamiento deberá llevarse a cabo.

_____ Los requisitos de residencia del estado o distrito donde tenga lugar la ceremonia.

_____ Que los novios sean mayores de edad o cuenten con la autorización de los padres en caso contrario.

_____ Al solicitar la licencia de matrimonio, presentar cualquier identificación requerida, como el certificado de nacimiento o el de bautismo, aptitud para casarse u otros documentos.

_____ Hacerse un examen médico y/o análisis de sangre tanto el novio como la novia, que será usado para detectar enfermedades contagiosas, particularmente venéreas. Sea o no obligatorio la pareja debería hacerlo para comenzar su vida de casados gozando de buena salud. Este es también el momento apropiado para discutir con su médico cualquier tipo de preguntas que se tenga sobre los diferentes métodos anticonceptivos o sobre la concepción de un niño.

_____ Si ha estado casado/a anteriormente, necesitará llevar una copia de su certificado de divorcio.

NOTAS

_____

_____

_____

_____

Ahora no sentimos la lluvia,
porque nos damos cobijo mútuamente.
Ahora no sentimos el frío
porque nos damos calor
uno a otro.
Ahora somos dos personas,
pero hay sólo
una vida frente a nosotros.
Entremos ahora
en esos días
de vida en común

Bendición de Boda Apache

Capítulo 10

Invitaciones

INVITACIONES Y ANUNCIOS

Bien sea al estilo tradicional o moderno, hoy en día hay una ámplia gama de opciones para ayudarle a establecer el tipo de boda que quiere. Tan pronto como usted y su prometido hayan fijado la fecha de la boda y tengan la lista de invitados completa, escojan y encarguen las invitaciones. Hágalo al menos tres meses antes de la boda para tener tiempo suficiente para escribir las direcciones, enviarlas y recibir las respuestas.

Las invitaciones se pueden encargar en joyerías, papelerías, grandes almacenes, tiendas especializadas o a través de un catálogo, por correspondencia. Todos tienen muestras para ayudarles a elegir el papel, color, modelo y tipo de letra. Las invitaciones pueden ser grabadas o termografiadas. El proceso de termografiado se asemeja al de grabado, pero es menos caro y más fácil de encontrar. Cuando haga su encargo, pida los sobres exteriores e interiores con tiempo suficiente para poder ir escribiendo las direcciones, y tenerlas listas para enviarlas en cuanto lleguen las tarjetas. Puede que ésto suponga un poco más de dinero. Las invitaciones se enviarán de cuatro a seis semanas antes de la boda. Todas deben ser enviadas a la vez. Consulte el importe de los sellos que necesita para enviarlos con su oficina de correos, pues puede que el franqueo varíe dependiendo del número de cartas.

Los sobres deben ir escritos a mano con tinta negra. Nunca a máquina. No use abreviaturas para los nombres o las direcciones. Haga imprimir la dirección del remitente o escríbala usted mismo cuando dirija los sobres. Si incluye una tarjeta de respuesta, asegúrese de que está franqueada y con la dirección escrita en el sobre.

El sobre interior se deja sin cerrar y dirigido al "Sr. o Sra. Jones," sin nombres o direcciones. Los hijos menores de dieciseis años pueden ser incluídos escribiendo sus nombres debajo de los de sus padres en la tarjeta de respuesta. Los hijos mayores deberán recibir su propia invitación.

Si su invitación contiene varios sobres, el orden adecuado es el siguiente: el sobre sin pegamento contiene la invitación y los otros sobres, y se coloca en el sobre exterior de forma que mire hacia la solapa. El papel de seda se coloca sobre el grabado o la impresión para evitar que se borre. Las tarjetas de respuesta se meten dentro de la invitación y, si es necesario, se incluye un mapa. Asegúrese de que es una reproducción clara en papel de buena calidad. El mapa también va dentro de la invitación.

Las invitaciones normalmente son enviadas por los padres de la novia, o por el padre o la madre si sólo uno vive, o, si la novia es huérfana, por el pariente más cercano. El orden de parentesco es el siguiente: hermano mayor; hermana mayor; los dos, o un abuelo o abuela si sólo uno está vivo; tío y/o tía; tutor; la novia y el novio mandan ellos mismos las invitaciones; familia del novio.

La forma más fácil y barata de hacer una lista es un cuaderno o un fichero para recetas que esté dividido por orden alfabético. Empiecen a anotar los nombres según las iniciales y vayan consiguiendo las direcciones que les falten. Pueden incluso escribir los amigos o parientes de la novia en un color diferente a los del novio. La lista estará dividida a partes iguales para el novio y la novia. Cuenten con que el 30% de los invitados no asistirá, 50% o más, si son invitados de otra ciudad. A quién invitar o no depende de su presupuesto.

COMO REDACTAR LAS INVITACIONES
*Nota: Es preferible que se nombre a los padres de ambos hijos.

SI LAS INVITACIONES SON ENVIADAS POR LOS PADRES DE LA NOVIA: LA FORMULA ESTANDAR

El Sr. y la Sra. John William Jones
requieren el honor de su presencia
en el enlace de su hija
Lynn Marie
con
el Sr. Ronald John Adams
el sábado, dos de Junio
de mil novecientos ochenta y cuatro
a las dos en punto de la tarde
en la Iglesia Luterana Americana
Medford, Wisconsin

CEREMONIA NUPCIAL

El Sr. y la Sra. John William Jones
requieren el honor de su presencia
en el enlace de su hija
Lynn Marie
con
el Sr. Ronald John Adams
el sábado, dos de Junio
de mil novecientos ochenta y cuatro.
La misa se celebrará
a las once en punto
en la Iglesia Católica de Saint John
en Medford, Wisconsin

CEREMONIA NUPCIAL

El Sr. y la Sra. John William Jones
requieren el honor de su presencia
en la ceremonia nupcial
en la cual su hija
Lynn Marie
y
el Sr. Ronald John Adams
se unirán en el sacramento del matrimonio
el sábado dos de Junio,
mil novecientos ochenta y cuatro
a las diez en punto
en la Iglesia Católica de Saint John
Medford, Wisconsin

EN CASO DE DEFUNCION DEL PADRE O LA MADRE, SI EL
PADRE VIVO NO SE HA VUELTO A CASAR:

La Sra. John William Jones
requiere el honor de su presencia
en el enlace de su hija
Lynn Marie

SI EL PADRE VIVO SE HA VUELTO A CASAR:

El Sr. y la Sra. John R. Jacobs
requieren el honor de su presencia
en el enlace de la hija de la Sra. Jacobs
Lynn Marie

—O—

El Sr. y la Sra Jonn R. Jacobs
requieren el honor de su presencia
en el enlace de la hija de ella
Lynn Marie

—O—

El Sr. y la Sra. John R. Jacobs
requieren el honor de su presencia
en el enlace de la hija de ambos
Lynn Marie

SI EL PADRE Y LA MADRE HAN FALLECIDO—Las invitaciones
son enviadas por un hermano o hermana mayor que permanezca
soltero:

El Sr. Roger John Jones
requiere el honor de su presencia
en el enlace de su hermana
Lynn Marie Jones

SI LAS INVITACIONES SON ENVIADAS POR UN HERMANO O
HERMANA MAYORES CASADOS:

El Sr. y la Sra. William P. Evans
requieren el honor de su presencia
en el enlace de su hermana
Lynn Marie Jones

SI LAS INVITACIONES SON ENVIADAS POR LA ABUELA, O TIO Y TIA:

El Sr. y la Sra. Warren J. Smith
requieren el honor de su presencia
en el enlace de su nieta
Lynn Marie Jones

SI EL NOVIO O LA NOVIA ENVIAN SUS PROPIAS INVITACIONES:

Se requiere el honor de su presencia
en el enlace de
la Sta. Lynn Marie Jones
y
el Sr. Ronald John Adams

—O—

La Sta. Lynn Marie Jones
y
el Sr. Ronald John Adams
requieren el honer de su presencia
en su enlace matrimonial

SI LAS INVITACIONES SON ENVIADAS POR UN AMIGO:

El Sr. y la Sra. Steven James Carlson
requieren el honor de su presencia
en el enlace de
la Sta. Lynn Marie Jones
y
el Sr. Ronald John Adams

MADRE DIVORCIADA—si no se ha vuelto a casar puede que utilice una combinación del nombre de soltera y casada (ésto es una decisión personal.)

La Sra. Johnson Jones
requiere el honor de su presencia
en el enlace de su hija
Lynn Marie

MADRE CASADA DE NUEVO:

La Sra. Thomas C. Renaldo
requiere el honer de su presencia
en el enlace de su hija
Lynn Marie Jones

—O—

El Sr. y la Sra. Thomas C. Renaldo
requieren el honor de su presencia
en el enlace de su hija
Lynn Marie Jones

—O—

El Sr. y la Sra. Thomas C. Renaldo
requieren el honor de su presencia
en el enlace
de la hija de la Sra. Renaldo
Lynn Marie Jones

SI LOS PADRES DEL NOVIO ENVIAN LAS INVITACIONES:

El Sr. y la Sra. Roger Albert Adams
requieren el honor de su presencia
en el enlace de
la Sta. Lynn Marie Jones
con
su hijo
el Sr. Ronald J. Adams

SEGUNDAS NUPCIAS—La joven divorciada usará una
combinación de sus nombres de soltera y casada:

El Sr. y la Sra. John Williams Jones
requieren el honor de su presencia
en el enlace de su hija
Lynn Jones Adams

SI LA JOVEN VIUDA USA SU NOMBRE DE CASADA:

El Sr. y la Sra. John Williams Jones
requieren el honor de su presencia
en el enlace
de su hija
Lynn Marie Adams

BODAS DOBLES—Cuando las novias son hermanas se menciona
a la hermana mayor primero:

El Sr. y la Sra. John Williams Jones
requieren el honor de su presencia
en los enlaces de sus hijas
Lynn Marie
con
el Sr. Ronald John Adams
y
Mary Lou
con
el Sr. Richard David Smith

CUANDO LAS NOVIAS NO SON HERMANAS—SE MENCIONA
ANTES A LA NOVIA MAYOR Y SU FAMILIA:

El Sr. y la Sra. John Williams Jones
y
el Sr. y la Sra. Albert Richard Davidson
requieren el honor de su presencia
en los enlaces de sus hijas
Lynn Marie Jones
con

el Sr. Ronald John Adams
y
Sally Ann Davidson
con
el Sr. Mark Lee Paulson

INVITACIONES PARA LA RECEPCION—La frase "se requiere el placer de su compañía," se usa aquí y en invitaciones a otros acontecimientos sociales.

El Sr. y la Sra. John Williams Jones
requieren el placer de su compañía
en la recepción de la boda
de su hija
Lynn Marie
y
el Sr. Ronald John Adams
el sábado, dos de Junio
de mil novecientos ochenta y cuatro
a las ocho en punto de la tarde
en la calle Oakwood 1151,
Melford, Wisconsin

ANUNCIOS DE LA BODA—El anuncio debe contener siempre el año. La hora de la ceremonia nunca se menciona.

El Sr. y la Sra. John Williams Jones
tienen el honor de anunciar
el enlace de su hija
Lynn Marie
con
el Sr. Ronald John Adams
el sábado, dos de Junio
de mil novecientos ochenta y cuetro
en la Iglesia Luterana Americana
Melford, Wisconsin

—O—

El Sr. y la Sra. John Williams Jones
tienen el honor de anunciar
el futuro matrimonio de su hija

ANUNCIO PARA UNA VIUDA:

La Sra. Jane Jones
y
el Sr. John T. Smith
tienen el placer de anunciar
su enlace matrimonial

TITULOS—Reverendo, Doctor, Capitán, etc., no se abrevian a no ser que se necesite por cuestión de espacio.

SUFIJOS—Jr., junior, II, III, IV, van precedidos normalmente por una coma. Jr. se escribe con mayúscula cuando se abrevia, junior va en minúscula cuando se escribe toda la palabra. Los números romanos deben ir precedidos por una coma.

BODAS MILITARES—Cuando los oficiales tienen un rango superior al de teniente, el título precede al nombre:

El Mayor y la Sra. John Williams Jones
requieren el honor de su presencia
en el enlace de su hija
Lynn Marie
con
el Capitán Ronald John Adams
de la Armada de los Estados Unidos

Los oficiales de rangos inferiores escriben el título en la línea siguiente, delante de la rama del ejército a la que pertenezca:

El Sr. y la Sra. John Williams Jones
requieren el honor de su presencia
en el enlace de su hija
Lynn Marie
con

Ronald John Adams
Primer Teniente, Armada de los Estados Unidos

Si el rango es inferior a Sargento, no se especifica, y la rama del ejército se coloca debajo del nombre:

El Sr. y la Sra. John Williams Jones
requieren el honor de su presencia
en el enlace de su hija
Lynn Marie
con
Ronald John Adams
Armada de los Estados Unidos

ENUNCIADOS ACTUALES

Una vida de entraga y cariño,
de amor y generosidad en común.
El Sr. y la Sra. John Williams Jones
requieren el honor de su presencia
el sábado, dos de Junio
de mil novecientos ochenta y cuatro
a las siete y media,
cuando su hija
Lynn Marie
y
el Sr. Ronald John Adams
se unirán en matrimonio
en la Iglesia Luterana Americana
Medford, Wisconsin.

• • •

En el espíritu del gozo cristiano
Lynn Marie Jones
y
Ronald John Adams
unirán sus vidas para siempre
el sábado, dos de Junio
de mil novecientos ochenta y cuatro
a las siete de la tarde.
Sus familias les invitan

a presenciar con ellos
la bendición de Dios
en esta unión sagrada
Iglesia Luterana Americana
Medford, Wisconsin
• • •
Un nuevo día...y es el día
en que comienza la felicidad
cuando nosotros,
Lynn Marie Jones
y
Ronald John Adams
unamos nuestras vidas en una
el sábado, dos de Junio
de mil novecientos ochenta y cuatro
a las siete de la tarde
Iglesia Luterana Americana
Medford, Wisconsin
• • •
Lynn Marie Jones
y
Ronald John Adams
les invitan a compartir
un día de felicidad
cuando comience para ellos
una vida de amor
el sábado, dos de Junio
a las seis de la tarde
Iglesia Luterana Americana
Medford, Wisconsin
• • •
En la creencia de que el Sagrado Matrimonio
está dispuesto por Dios
y en el gozo del Espíritu Cristiano
el Sr. y la Sra. John Williams Jones
requieren el honor de su presencia
en la ceremonia en la que su hija
Lynn Marie Jones
y

Ronald John Adams
unirán sus vidas
y pasarán a ser
una sóla persona en Cristo.
Sábado, dos de Junio
mil novecientos ochenta y cuatro
a la una
Iglesia Luterana Americana
Medford, Wisconsin

• • •

La más gozosa de las ocasiones
es la unión de un hombre y una mujer
para festejar la vida...
El Sr. y la Sra. John Williams Jones
les invitan a compartir con ellos
la ceremonia de unión de su hija

—o—

Lynn Marie Jones
y
Ronald John Adams
han escogido el primer día
de su nueva vida en común

—o—

El Sr. y la Sra. John Williams Jones
y
el Sr. y la Sra. Eugene Francis Adams
les invitan a compartir su gozo
en el enlace de sus hijos
Lynn Marie
y
Ronald John
La celebración de su amor
tendrá lugar...

—o—

Porque han formado parte de sus vidas
con su amistad y cariño,
les invitamos a compartir con nuestra hija
Lynn Marie
y
Ronald John Adams
el intercambio de votos matrimoniales
al comienzo de su nueva vida juntos
el sábado, dos de Junio
de mil novecientos ochenta y cuatro
a las seis de la tarde
en la Iglesia Luterana Americana
Medford, Wisconsin.
El Sr. y la Sra. John Williams Jones

• • •

Lynn Marie Jones
y
Ronald John Adams
junto con sus padres
el Sr. y la Sra. John Williams Jones
y
el Sr. y la Sra. Eugene Francis Adams
les invitan a compartir su felicidad
cuando intercambien
sus votos matrimoniales
y empiecen una nueva vida en común

Nuestro gozo será completo
si pueden compartir el enlace de nuestra hija
Lynn Marie
y
Ronald John Adams
el sábado, dos de Junio
de mil novecientos ochenta y cuatro
a las siete de la tarde
en la Iglesia Luterana Americana.
Medford, Wisconsin
Les invitamos a participar con nosotros
y presenciar su unión.
Si no pueden asistir

requerimos su presencia
en espíritu y pensamiento.

El Sr. y la Sra. John Williams Jones

• • •

Con corazón gozoso
requerimos su presencia
en la ceremonia de unión
de nuestra hija
Lynn Marie
y
Ronald John Adams
el sábado, dos de Junio
de mil novecientos ochenta y cuatro
a las cuatro de la tarde
en la Iglesia Luterana Americana
Medford, Wisconsin.

El Sr. y la Sra. John Williams Jones

• • •

Nuestra hija, Lynn Marie, y Ronald John Adams se unirán en Cristo el sábado, dos de Junio, de mil novecientos ochenta y cuatro, a la una y media de la tarde, en la Iglesia Luterana Americana, Medford, Wisconsin

Están invitados a participar, presenciar sus votos y celebrar su unión en la recepción que seguirá a la ceremonia en el salón de la iglesia.

Si no pueden asistir, requerimos su presencia en espíritu y pensamiento.

El Sr. y la Sra. John Williams Jones

NOTAS

LISTA DE CONTROL DEL IMPRESOR

Nombre del impresor: _____ Número de teléfono: _____

Dirección: _____

COSTO

¿Tasa de entrada? _____ ¿Garantía? _____ ¿Cantidad? _____

¿Cuándo vence la seña? _____ ¿Cuándo vence el balance? _____

¿Cómo me va a pasar la factura el impresor?: _____

Términos de la cancelación: _____

CANTIDADES

Tissues: ___ R.S.V.P.: ___ Ceremonia: ___ Recepción: ___

Tarjetas de agradecimiento: ___ Servilletas: ___ Cerillas: ___

Sobres: ___ Programas de la ceremonia: ___

Recordatorios de la recepción: ___ Fichero ___

VARIOS

Cantidad de papel: _____ Color del papel: _____

Tipo de letra empleada: _____

Otros colores usados (sólo informal): _____

¿Cuándo podré recoger mi encargo?: _____

¿Puedo recoger antes los sobres para escribir las direcciones?: _____

¿Qué tipo de recordatorios de boda tienen?: _____

ENCABEZAMIENTOS/ENUNCIADOS

Invitaciones: _____

_____

_____

_____

_____

Programa de la ceremonia:_____

_____

_____

_____

_____

_____

_____

R.S.V.P.: _____

Tarjetas de la recepción:_____

Cerillas: _____

Servilletas:_____

_____

_____

_____

_____

NOTAS

Suavemente,
como los colores de un arco iris,
el amor ha enternecido nuestras vidas.

Capítulo 11

Cortejo Nupcial

EL CORTEJO NUPCIAL

Tan pronto como empiecen a planear su boda, ustedes deberán elegir a aquellas personas que formarán parte del cortejo y estarán a su lado para ayudarles en lo que necesiten. Generalmente se elige a los amigos más íntimos y familiares para compartir la emoción de tan importante día. A continuación se da una lista de aquellos que participan en una boda tradicional y sus respectivas responsabilidades

LA DAMA DE HONOR Y/U OTROS AYUDANTES PERSONALES

La dama de honor es generalmente una amiga muy especial de la novia o su hermana. Se espera que ayude a la novia lo más posible.

___ Ayuda a la novia a enviar invitaciones, aconseja en las compras, ayuda con los regalos, etc.

___ Asiste a todas las fiestas, despedidas, etc. anteriores a la boda.

___ Paga su traje para la boda.

___ Está a cargo del anillo del novio hasta el momento apropiado durante la ceremonia, cuando se lo entrega a la novia y recibe el ramo de flores.

___ Junto con el padrino de boda, firma el certificado de casamiento como testigo oficial.

___ Ayuda a la novia a arreglar el velo y la cola de su traje, y también cuando ésta se viste para la boda.

___ Recibe saludos junto a la pareja.

___ Ayuda a la novia a vestirse antes de irse de luna de miel y lleva el traje de bodas a la tintorería o a la casa de la novia.

LAS DAMAS DEL CORTEJO

Las damas del cortejo dan básicamente un toque de calidez, personalidad y colorido al acontecimiento. Las damas del cortejo siempre están invitadas a todas las fiestas y despedidas previas a la boda.

___ Se encargan de comprar o mandar a hacer sus trajes/vestidos para la boda (la novia, si lo desea, puede comprarles accesorios)

___ Pueden ayudar a la novia con los quehaceres o mandados anteriores a la boda.

___ Participan en la cena de ensayo previa a la boda, en la ceremonia y también reciben saludos junto a los novios.

EL PADRINO

El padrino es generalmente un hermano o el mejor amigo del novio. Es la mano derecha de éste para organizar sus actividades ese día.

___ Ayuda con la despedida de soltero (o con la cena, ésto es opcional).

___ Paga su traje para la boda.

___ Lleva al novio a la iglesia y le ayuda a vestirse para la ceremonia.

___ Supervisa al cortejo del novio y a los acomodadores, y se asegura de que éstos estén bien vestidos y sepan lo que deben hacer.

___ Se encarga del anillo de la novia hasta el momento apropiado durante la ceremonia.

___ Paga al sacerdote/pastor antes o después de la ceremonia.

___ Junto con la dama de honor principal firma el certificado de matrimonio, como testigo oficial.

___ Ofrece el primer brindis por los novios en la recepción y lee los telegramas de felicitaciónes.

___ Baila con la novia después de que el novio y ambos padres hayan bailado con ella.

___ Se asegura de que el auto en el que vayan los novios de luna de miel esté en buenas condiciones y de que las maletas estén hechas y listas en el auto.

___ Ayuda al novio a vestirse para el viaje—se hace cargo de cualquier tipo de pasajes, llaves, etc. que le hayan dado para que los guarde en un lugar seguro.

___ Lleva a los recién casados al aeropuerto o al lugar de donde salgan para el viaje de bodas.

___ Lleva el traje del novio a la casa de éste o a la tienda donde haya sido alquilado.

EL CORTEJO DEL NOVIO

El cortejo del novio está compuesto generalmente por íntimos amigos, hermanos o parientes de la pareja.

___ Pagan sus trajes para la boda.

___ Asisten a la despedida o cena de soltero.

___ Asisten a la cena de ensayo previa a la boda.

___ Acompañan a las damas de honor a la entrada y salida de la iglesia.

LOS ACOMODADORES

Los acomodadores tienen que prestar atención a más detalles. Deben recibir instrucciones específicas sobre sus obligaciones.

___ Pagan sus trajes para la boda.

___ Deben estar en la iglesia por lo menos una hora antes de la ceremonia.

___ Deben encender las velas 15 minutos antes de que comience la ceremonia (si es que el sacerdote/pastor se lo pide).

___ Deben tener una lista de los invitados especiales o de los asientos reservados.

___ Deben asegurarse de entregar a los abuelos, padrinos de bautismo, etc. un ramito de flores antes de que se sienten.

___ Distribuyen el programa de la boda cuando acompañan a los invitados al lugar indicado, o pueden poner el programa en los bancos antes de que lleguen los invitados.

___ Deben presentarse a cada invitado y preguntarles si son invitados del novio o de la novia.

___ Los invitados de la novia se sientan tradicionalmente en los bancos del lado izquierdo y los invitados del novio en los del lado derecho. Este orden es al revés en una ceremonia judía ortodoxa. Los acomodadores pueden equilibrar los lados si es que un lado se llena más rápido que el otro. En muchas ceremonias ahora, los padres se dirigen al altar con sus respectivos hijos.

___ Deben ofrecer el brazo a la dama en una pareja, o a la señora de más edad de un grupo. Los otros miembros del grupo caminan detrás del acomodador y éste les muestra sus respectivos asientos. Los hombres solteros pueden caminar al lado del acomodador simplemente.

___ Los padres del novio deben ser los últimos en sentarse. Deben sentarse en el primer banco del lado derecho y la madre de la novia en el primer banco del lado izquierdo. Después de que el acomodador acompañe a la madre de la novia a su respectivo lugar, ningún otro invitado deberá sentarse hasta que la novia y su cortejo lleguen al altar. En algunos casos, las familiares se sientan simplemente a medida que van llegando.

___ Después de extender la alfombra que conduce al altar, los acomodadores pueden ocupar sus respectivos lugares. Un acomodador extra debe estar disponible para acomodar a aquellos que lleguen tarde.

___ Deben acompañar a los padres de los novios y a cualquier otro invitado designado de antemano a la salida de la iglesia.

___ Luego indicarán a los invitados banco por banco cuándo pueden abandonar sus asientos al terminar la ceremonia.

___ Deben asegurarse de que la iglesia/sinagoga quede limpia y en orden al finalizar la ceremonia.

LA MADRE DE LA NOVIA

___ Ayuda a la novia a elegir el traje y los accesorios, los colores predominantes de la boda y el traje de las damas del cortejo, además del ajuar de novia.

___ Ayuda a hacer la lista de invitados y a enviar las invitaciones.

___ Hace saber a los amigos qué regalos prefiere la novia.

___ Ayuda con los detalles de la ceremonia y de la recepción.

___ Elige su vestido y consulta con la madre del novio sobre los colores y estilo de los vestidos.

___ Mantiene al padre de la novia y a los padres del novio informados sobre los planes y preparativos de la boda.

___ Se encarga de los regalos que vayan recibiendo.

___ Es la anfitriona oficial de la ceremonia y la recepción. Es la última persona en sentarse durante la ceremonia y la primera en saludar a los invitados después de la ceremonia. (Ver la sección anterior referente a los acomodadores.) La madre de la novia se sienta en el lugar de honor en la mesa para los padres de los novios. De cualquier manera, ésto es a discreción de la novia y de su madre.

___ Puede ir a la ceremonia con el padre de la novia o ayudar a ésta a vestirse el día de la ceremonia.

EL PADRE DE LA NOVIA

___ Va a la ceremonia con la novia.

___ Acompaña a su hija al altar, luego se sienta junto a la madre de la novia en el primer banco del lado izquierdo. Sin embargo, algunas novias caminan hacia el altar con sus dos padres. (Ver también la sección referida a los padres del novio.)

___ Preferentemente se coloca junto a los novios para recibir las felicitaciones de los invitados o puede hacer el papel de anfitrión.

___ El padre de la novia debe vestirse en consonancia con el atuendo del novio y de los del cortejo.

___ El padre de la novia es generalmente la última persona en retirarse del lugar de la recepción, y también despide a los invitados.

LOS PADRES DEL NOVIO

___ Los padres del novio deben llamar a los padres de la novia para comunicarles su consentimiento tan pronto como sea posible después del compromiso.

___ Los padres del novio pueden caminar hacia el altar junto a su hijo.

___ Los padres del novio se sientan en el primer banco del lado derecho durante la ceremonia y son invitados de honor en la recepción.

___ La madre del novio está siempre junto a los novios al finalizar la ceremonia para recibir las felicitaciones, el padre puede hacer lo mismo o saludar a los invitados.

LA NIÑA QUE LLEVA LAS FLORES Y/O EL NIÑO QUE LLEVA LOS ANILLOS

*Aclaración — El hecho de usar una niña que lleve las flores y/o un niño que lleve los anillos se ha convertido en un tema delicado; en realidad, algunas iglesias aconsejan no hacerlo ya que su "origen" es dudoso.

___ La niña que lleva las flores tiene generalmente entre 4 y 10 años. Su vestido puede ser exactamente igual al de las damas de honor o similar. Debe llevar un ramo de flores pequeño o una cestita y debe caminar hacia el altar delante de la novia y su padre.

___ El niño que lleva los anillos tiene generalmente entre 3 y 6 años de edad. Lleva una almohadilla pequeña con los anillos sobre la misma (preferentemente un anillo falso). También camina hacia el altar delante de la novia y su padre.

___ El niño que lleva los anillos puede estar vestido con pantalones cortos blancos, una pajarita, y zapatos blancos; o su ropa puede hacer juego con la de los del cortejo del novio.

___ Los padres de la niña que lleva las flores o del niño que lleva los anillos pagan la vestimenta de sus hijos.

___ Cuando decida qué transporte emplear deben tener en cuenta a los dos niños.

___ Los niños y sus padres deben asistir a la práctica y cena de ensayo antes de la ceremonia.

___ Los niños no tienen que estar junto a los novios al finalizar la ceremonia para recibir los saludos y felicitaciones.

___ Es buena sugerencia tener una niñera que cuide a los niños durante la recepción para que así los padres puedan estar tranquilos y disfruten de la fiesta.

OTROS PARTICIPANTES

Puede ocurrir que usted desee que un mayor número de amigos y parientes participen en el acontecimiento pero el tamaño del cortejo ya no lo permite. Hay otra serie de actividades que requieren atención. Usted puede hacer que un amigo lea un párrafo de las Sagradas Escrituras durante la ceremonia; o encienda las velas, o salude a los invitados a medida que van llegando.

Puede que también necesite ayuda en la recepción. Podría pedir a un grupo de amigos o parientes que decoren el salón de fiestas y que se encarguen de los regalos—que los lleven a la casa de sus padres o a su nuevo hogar. Puede también pedir a sus primos más jóvenes que se encarguen de hacer firmar el libro de invitados a los presentes, que sirvan ponche y café y limpien el lugar después de la recepción.

Con infinito amor
compartiremos nuestros pensamientos.
nuestros sueños, y el uno al otro.

NOTAS

Nuestro amor
resplandeciente como el alba,
bello como la luna,
radiante como el sol.

Capítulo 12

Atuendo de la Boda

ATUENDO DE LA BODA

Los trajes de la boda dependen de los gustos personales, como el resto de las costumbres nupciales. ¡Y hay tantos estilos y materiales donde escoger! La elección es completamente suya. Tómese tiempo para hojear las revistas y hacerse una idea de lo que quiere. Seguro que encontrará el vestido perfecto para usted, no importa qué tipo de boda quiera. Hay ciertos aspectos a tener en cuenta a la hora de escoger su vestido:

* ¿Va a ser una boda numerosa? ¿Qué tipo de boda? Para una boda formal el blanco o marfil son los colores tradicionales, con vestido largo, de buena tela y velo. Para una boda intermedia entre formal e informal, las opciones son las mismas, pero no tan rígidas. Para una boda informal se puede escoger cualquier cosa con gusto y con la que se sienta cómoda. El adorno del cabello deberá estar a tono con el vestido. Tenga también en cuenta la estación del año. Usted querrá llevar una tela con la que esté a gusto y sea apropiada. Hay dos temporadas en cuanto a diseños se refiere: primavera/verano y otoño/invierno.

* Escoja un vestido que vaya con su figura, altura y gusto. Tómese tiempo y estudie el efecto que produce el vestido. Tenga en cuenta que los invitados verán durante más tiempo la espalda que el delantero durante la ceremonia.

* Considere su presupuesto. Seguro que quiere el vestido de sus sueños, y tenga en cuenta la cantidad límite de dinero que puede gastar. Cuando vaya a una tienda a ver vestidos, informe al dependiente de su presupuesto para que él se atenga a esa cantidad y le muestre los vestidos que estén dentro de sus posibilidades.

* Compre el vestido al menos seis meses antes de la boda. Hay que pedirlo y siempre hay arreglos que hacer. ¡Así se asegura tambien de que el vestido está listo a tiempo!

* Cuando se lo pruebe, póngase las prendas interiores, zapatos y accesorios que vaya a llevar el día de la boda.

* Los accesorios deben restringirse al máximo. Quizá unos pendientes o un collar de oro o perlas darán el toque final a su aspecto.

* La mayoría de las tiendas les pedirán un depósito cuando hagan su pedido. Los pagos y cancelaciones varían, así es que pregunten antes. Algunas les dan cinco días para cancelarlo, otras hacen el pedido inmediatamente, lo que significa que deben perder su depósito o pagar el vestido. Conserven todos los recibos. Asegúrese de que todo lo prometido está por escrito y lea el acuerdo de venta con cuidado. La fecha de entrega del vestido y el adorno del pelo deben estar incluídos.

Si tiene suficiente tiempo para comprar su vestido y está en estrecha relación con el vendedor, ¡Encontrará un vestido que le venga como anillo al dedo!

A continuación les ofrecemos una guía para que le ayude cuando compre su atuendo nupcial.

MANGAS

* Obispo—Holgadas en la parte inferior del antebrazo y cerradas en la muñeca con un puño ancho.
* Dolman—Amplia en el antebrazo. Se consigue así un efecto de capa. Normalmente de ajusta a la muñeca.
* Pierna de Cordero (o Gigot)—Amplia, holgada, redondeada desde los hombros al codo.
* Farol—Con forma de farol, ancha hacia los hombros.

HECHURAS

* Ballgown—Con encanto. Canesú desde los hombros, ajustado a la cintura de forma natural. Falda larga y amplia.
* Basque—Cintura natural, con el frente en forma de V. Falda larga.
* Imperio—Cuerpo pequeño y escotado, recogido en una cintura alta. Falda larga y estrecha.
* Princesa—Ajustado, con costuras verticales desde los hombros hasta el dobladillo de una falda ancha.
* Tubo—Estrecho, ajustado al cuerpo, sin cintura.

LONGITUD DEL VESTIDO Y LA COLA

* Largo de calle—Por encima de las rodillas.
* Largo intermedio—Entre la rodilla y el tobillo. Hasta la mitad de la pierna.
* Largo de ballet—Hasta los tobillos.

* Hasta el suelo—El borde de la falda toca el suelo.
* Cola corta—Apenas arrastra.
* Cola de Corta—Un pie más larga que la anterior.
* Cola de Capilla—Es la más popular de todas. Cae 1-1/3 yardas desde la cintura, más o menos.
* Cola de Catedral—Para una boda muy formal, cae 2-1/2 yardas desde la cintura.
* Cola de Catedral Extendida 3 yardas desde la cintura.

CUELLOS
* Alto—Rozando la barbilla.
* Caído sobre los hombros—Sobre la línea del busto, a veces se combina con un canesú fino de malla y cuello alto.
* Barco—Siguiendo la línea de la clavícula en el delantero y la espalda. Abierto a los lados, termina con una costura en los hombros.
* Reina Ana—Alto en la nuca, baja luego y dibuja un sencillo canesú.
* Cuadrado—Con forma de medio cuadrado.
* Corazón—Tiene la forma de la parte superior de un corazón.

TELAS
* Brocado—Pesado, con un diseño entretejido en relieve.
* Chifón o gasa—Fino y delicado, de un tejido sencillo—a menudo de seda o rayón—con acabado suave o rígido.
* Ojalillo—Bordado amplio usado en decoraciones.
* Moaré—Tafetán de seda que a la luz brilla como el agua.
* Organza—De textura fina y crujiente, casi transparente.
* Satén (tipo seda)—Con cuerpo, con un toque que le da el aspecto del polvo.
* Satén (tipo slipper)—Ligero, suave, más tupido.
* Tafetán—Suave, brillante, de textura fina, con cuerpo.
* Tul—Malla finamente entretejida de seda, algodón o sintética.
* También se puede usar el poliéster en los vestidos, puro o mezclado con fibras naturales, como la poliorganza o el polichiflón.

ADORNOS PARA EL CABELLO
* Diadema—Guirnalda sobre la cabeza.
* Guirnalda de Flores—Circunferencia de flores que puede descansar en lo alto de la cabeza o caer un poco sobre la frente.

* Medio sombrero—Pequeño sombrero que cubre la mitad o menos de la cabeza.
* Sombrerito Julieta—Pequeño, adornado con festones de perlas y joyas que se ajustan a lo alto de la cabeza.
* Mantilla—Malla decorada con encaje, normalmente sujetada con una elegante peineta. Cae suavemente a los lados de la cara.
* Pamela—Con adornos y un ala grande.
* Tiara—Corona, normalmente con incrustaciones de cristal, perlas o encaje, que descansa en lo alto de la cabeza.
* Pamela Alzada—El ala se inclina hacia un lado.
* Excepto la mantilla, el resto de los adornos llevan velo.

ENCAJE
* Alencon—Originario de Alencon, Francia—un modelo precioso y delicado, aunque duradero, bordeado de raso o malla.
* Chantilli—De Chantilli, Francia. Gracioso, ramilletes de flores sobre fondo de encaje fino. Perfilado con hilos de seda.
* Shiffli—Hecho a máquina. Bordado delicado de flores.
* Venecia—Tupido, en relieve, con flores. Hecho por primera vez en Venecia.

VELOS
* Blusher—Velo suelto sobre la cabeza o sobre la cara. Normalmente asociado a otro velo más largo de tres capas.
* Fly-away—Varias capas que rozan los hombros. Empleado normalmente en bodas informales, con vestido hasta los tobillos, o cuando la espalda del vestido es demasiado bonita para cubrirla con un velo.
* Birdcage—Cae justo hasta la barbilla, ligeramente fruncido a los lados. Se suele usar con un sombrero.
* Largo de Capilla—Cae 2-1/3 yardas desde el adorno en el pelo.
* Largo de Catedral—3-1/2 yardas desde el adorno. Normalmente se lleva con la Cola de Catedral.
* Largo de Ballet o Vals—Hasta los tobillos.
* Hasta los Pies—Es el más popular, toca con gracia las puntas de los zapatos.
* La mayoría de los velos están hechos de un material de nylon llamado "ilusión." Las decoraciones incluyen a veces pequeños frunces en lo alto del adorno del cabello. Las guirnaldas con

frecuencia llevan lazos y serpentinas formando los llamados "nudos de amor."

Una vez que ha elejido su vestido, debería elegir el de sus ayudantes. Sus trajes tienen que estar a tono con el suyo. Para una boda formal, los vestidos tienen que llegar hasta el suelo. En una boda menos formal, pueden ser más cortos, aunque su vestido sea largo. Tengan también en cuenta la altura, constitución y tono de piel de sus damas. Y no olvide su presupuesto, pues son ellas quienes pagarán sus vestidos. Las madres también escogerán un traje de acuerdo con la formalidad de la boda. Déjeles que tomen su decisión y aconséjeles para ponerse de acuerdo y escoger algo adecuado y compatible.

El traje del novio y los hombres que le acompañan tienen que estar a tono con el de la novia y sus damas, en cuanto a la formalidad, la época de año y la hora en que se celebre la boda. Tradicionalmente el novio, el padrino, los acompañantes, los acomodadores y los padres visten igual, a excepción de sutiles diferencias en los accesorios—el estilo de la camisa, el cuello, la corbata, etc., diferencian al novio y posiblemente al padrino del resto de los acompañantes. Si hay un portador del anillo, éste también debe vestir de acuerdo con el resto.

Aquí de nuevo pueden contar con las revistas que les aportarán algunas ideas en cuanto a los estilos posibles. Intenten visitar una tienda de trajes de novios al menos seis semanas antes de la boda. Tomen muestras de tela de los trajes de las damas de honor para que le ayude a coordinar los colores. Una vez escogido el modelo que van a llevar los hombres, decida una fecha para que éstos vayan a tomarse medidas.

Si tiene alguna duda, consulte con el especialista de la tienda. El le ayudará y seguramente le dará consejos sobre el tipo de boda que usted desea.

NOTAS

_____

_____

_____

_____

LISTA DEL ATUENDO NUPCIAL

TIENDA DE NOVIAS: _____ TELEFONO: __
DIRECCION:_____
REPRESENTANTE:_____

VESTIDO DE LA NOVIA

ESTILO_____ COLOR: _____
_____ TALLA: _____
ADORNO DEL CABELLO:_____ COLOR: _____
ROPA INTERIOR:_____ ZAPATOS: _____
FECHAS DE LAS PRUEBAS:___ HORA: _____
_____ HORA:_____
FECHA DE RECOGIDA_____ PRECIO: _____

REGISTRO DE PAGOS

FECHA: _____ CANTIDAD: _____ BALANCE: _____
FECHA: _____ CANTIDAD: _____ BALANCE: _____
FECHA: _____ CANTIDAD: _____ BALANCE: _____
FECHA: _____ CANTIDAD: _____ BALANCE: _____

NOTAS

_____
_____
_____
_____

AYUNDANTES

ESTILO_____   COLOR: _____
_____   TALLA: _____
ADORNO DEL CABELLO:_____   COLOR: _____
ROPA INTERIOR:_____   ZAPATOS: _____
FECHAS DE LAS PRUEBAS:____   HORA: _____
_____   HORA: _____
FECHA DE RECOGIDA_____   PRECIO: _____

REGISTRO DE PAGOS

FECHA: _____   CANTIDAD: _____   BALANCE: _____
FECHA: _____   CANTIDAD: _____   BALANCE: _____
FECHA: _____   CANTIDAD: _____   BALANCE: _____
FECHA: _____   CANTIDAD: _____   BALANCE: _____

NOMBRE: _____   TELEFONO:_____
DIRECCION: _____

NOTAS

_____
_____
_____
_____
_____
_____

AYUNDANTES

ESTILO_____ COLOR: _____
_____ TALLA: _____
ADORNO DEL CABELLO:_____ COLOR: _____
ROPA INTERIOR:_____ ZAPATOS: _____
FECHAS DE LAS PRUEBAS:____ HORA: _____
_____ HORA:_____
FECHA DE RECOGIDA_____ PRECIO:_____

REGISTRO DE PAGOS

FECHA: _____ CANTIDAD:_____ BALANCE: _____
FECHA: _____ CANTIDAD:_____ BALANCE: _____
FECHA: _____ CANTIDAD: _____ BALANCE: _____
FECHA: _____ CANTIDAD:_____ BALANCE: _____

NOMBRE: _____ TELEFONO:_____
DIRECCION: _____

NOTAS

_____
_____
_____
_____
_____
_____

AYUNDANTES

ESTILO_____ COLOR: _____
_____ TALLA: _____
ADORNO DEL CABELLO:_____ COLOR: _____
ROPA INTERIOR:_____ ZAPATOS: _____
FECHAS DE LAS PRUEBAS:____ HORA: _____
_____ HORA: _____
FECHA DE RECOGIDA_____ PRECIO: _____

REGISTRO DE PAGOS

FECHA: _____ CANTIDAD: _____ BALANCE: _____
FECHA: _____ CANTIDAD: _____ BALANCE: _____
FECHA: _____ CANTIDAD: _____ BALANCE: _____
FECHA: _____ CANTIDAD: _____ BALANCE: _____

NOMBRE: _____ TELEFONO:_____
DIRECCION: _____

NOTAS

_____
_____
_____
_____
_____
_____

AYUNDANTES

ESTILO_____ COLOR: _____

_____ TALLA: _____

ADORNO DEL CABELLO:_____ COLOR: _____

ROPA INTERIOR:_____ ZAPATOS: _____

FECHAS DE LAS PRUEBAS:___ HORA: _____

_____ HORA: _____

FECHA DE RECOGIDA_____ PRECIO: _____

REGISTRO DE PAGOS

FECHA: ____ CANTIDAD: ____ BALANCE: _____

FECHA: ____ CANTIDAD: ____ BALANCE: _____

FECHA: ____ CANTIDAD: ____ BALANCE: _____

FECHA: ____ CANTIDAD: ____ BALANCE: _____

NOMBRE: _____ TELEFONO:_____

DIRECCION: _____

NOTAS

_____

_____

_____

_____

_____

_____

MADRE DE LA NOVIA

ESTILO_____ COLOR: _____
_____ TALLA: _____
FECHAS DE LAS PRUEBAS:____ HORA:_____
_____ HORA:_____
FECHA DE RECOGIDA_____ PRECIO: _____

MADRE DE NOVIO

ESTILO_____ COLOR: _____
_____ TALLA: _____
FECHAS DE LAS PRUEBAS:____ HORA:_____
_____ HORA:_____
FECHA DE RECOGIDA_____ PRECIO: _____

CASA DE MODAS: _____ TELEFONO: _____
DIRECCION: _____
REPRESENTANTE:_____

NOTAS

_____
_____
_____
_____

SMOKING DEL NOVIO

ESTILO_____ COLOR: _____

_____ TALLA: _____

ACCESORIOS: _____

FECHAS DE LAS PRUEBAS:____ HORA: _____

_____ HORA: _____

FECHA DE RECOGIDA_____ PRECIO: _____

PADRE DE LA NOVIA

ESTILO_____ COLOR: _____

_____ TALLA: _____

ACCESORIOS: _____

FECHAS DE LAS PRUEBAS:____ HORA: _____

_____ HORA: _____

FECHA DE RECOGIDA_____ PRECIO: _____

PADRE DEL NOVIO

ESTILO_____ COLOR: _____

_____ TALLA: _____

ACCESORIOS: _____

FECHAS DE LAS PRUEBAS:____ HORA: _____

_____ HORA: _____

FECHA DE RECOGIDA_____ PRECIO: _____

NOTAS

_____

_____

ACOMPANANTES DEL NOVIO/ACOMODADORES

ESTILO_____   COLOR: _____
_____   TALLA: _____
ACCESORIOS: _____
FECHAS DE LAS PRUEBAS:____   HORA: _____
_____   HORA: _____
FECHA DE RECOGIDA_____   PRECIO: _____
LOS TRAJES DEBEN SER DEVUELTOS EL: _____

NOMBRE: _____   TELEFONO:_____
DIRECCION: _____

ACOMPANANTES DEL NOVIO/ACOMODADORES

ESTILO_____   COLOR: _____
_____   TALLA: _____
ACCESORIOS: _____
FECHAS DE LAS PRUEBAS:____   HORA: _____
_____   HORA: _____
FECHA DE RECOGIDA_____   PRECIO: _____
LOS TRAJES DEBEN SER DEVUELTOS EL: _____

NOMBRE: _____   TELEFONO:_____
DIRECCION: _____

NOTAS

_____

_____

Acompanantes Del Novio/Acomodadores

ESTILO_____ COLOR: _____

_____ TALLA: _____

ACCESORIOS: _____

FECHAS DE LAS PRUEBAS:____ HORA: _____

_____ HORA: _____

FECHA DE RECOGIDA_____ PRECIO: _____

LOS TRAJES DEBEN SER DEVUELTOS EL: _____

NOMBRE: _____ TELEFONO:_____
DIRECCION: _____

Acompanantes Del Novio/Acomodadores

ESTILO_____ COLOR: _____

_____ TALLA: _____

ACCESORIOS: _____

FECHAS DE LAS PRUEBAS:____ HORA: _____

_____ HORA: _____

FECHA DE RECOGIDA_____ PRECIO: _____

LOS TRAJES DEBEN SER DEVUELTOS EL: _____

NOMBRE: _____ TELEFONO:_____
DIRECCION: _____

Notas

_____

_____

EN EL ULTIMO MOMENTO

Es aconsejable que usted o su madre tengan un "botiquín de primeros auxilios." Una costura o un dobladillo descosidos, una carrera en las medias, un mechón que se despeina, etc., son pequeños contratiempos que toda novia prefiere evitar el día de su boda. Ese día es recomendable tener un neceser a mano—quizá una caja de zapatos forrada, o un costurero—. Se puede dejar en el lavabo de señoras, en el lugar de la recepción, siempre que no sea un sitio **público**. Artículos a incluir:

Imperdibles
Horquillas para el pelo
Pañuelos de papel
Pastillas para el aliento
Toallitas para las manos
Esmalte de uñas
Tijeras
Aguja e hilo del color de los vestidos
Peine/Cepillo
Polvos de talco
Cinta adhesiva
Lima de uñas
Tampones
Aspirinas
Medias
Rimel
Brillo para los labios
Líquido para las lentillas
Laca
Colorete

¡Y cualquier otro objeto que usted considere aconsejable tener a mano el gran día!

El amor es algo tan cierto
como la marea
susurrando en la orilla

Nos unimos este día para siempre,
para bien o para mal,
en la salud o la enfermedad,
para amarnos y cuidarnos
hasta que la muerte nos separe.

Capítulo 13

Cómo Planear La Ceremonia

COMO PLANEAR LA CEREMONIA

Antes que nada usted deberá decidir qué tipo de boda quiere tener. Esto dependerá del dinero que quiera gastar, el número de invitados que quiera invitar, dónde y cuándo se lleve a cabo la ceremonia y la recepción, y cuán formal desee usted que sea su boda.

Una boda FORMAL significa que usted básicamente quiere cumplir con las más estrictas tradiciones del ritual del matrimonio, en el aspecto religioso y civil. Generalmente, una boda formal es numerosa con respecto al cortejo nupcial y al número de invitados y requiere decoración, atuendo, invitaciones, y arreglos de la recepción más elaborados que una boda semiformal o informal.

Las bodas SEMIFORMALES básicamente se ajustan a las tradiciones pero todo es menos elaborado y más flexible que en una boda formal. Las bodas semiformales pueden llevarse a cabo en una iglesia, en un club o en un hotel.

Una boda INFORMAL puede ser una ceremonia muy sencilla o usted puede dejar volar su imaginación. Las bodas informales normalmente tienen un cortejo más reducido y menos invitados que una boda formal o semiformal.

Si planea casarse por iglesia, debería pedir una cita con el clérigo tan pronto como sea posible después de que hayan fijado la fecha de casamiento. El o ella le aconsejará sobre cualquier requisito prematrimonial, como un cursillo/ consulta/ asesoramiento, que requiera la iglesia. Dicha persona también podría responderle cualquier pregunta que usted tenga sobre la ceremonia en sí. Podría también guiarla con la elección de la música que usted desea para su boda, algunas costumbres de la iglesia para las bodas y ayudarla con cualquier voto o promesa especial u otro elemento litúrgico que usted quiera tener el día de la ceremonia. Además sabrá decirle si hay algunas restricciones referentes a las flores en la iglesia, las fotos, leyes de incendios, capacidad de la iglesia, disponibilidad de reclinatorios y otros materiales y lugares donde los invitados puedan dejar sus abrigos.

Si usted planea tener una ceremonia civil, debería hablar con el Juez de Paz que los va a casar para fijar la fecha, hora y lugar de la ceremonia. Generalmente sólo los familiares más cercanos y unos pocos invitados asisten.

Puede que haya decidido realizar la ceremonia en un hotel o en un club oficiada por un religioso o un civil. Tenga en cuenta que muchas de las cosas que necesite no serán provistas por dicho lugar, por lo tanto usted deberá alquilarlas. Chequée con el encargado del hotel las cosas que les serán proporcionadas. Una boda en la casa puede ser tanto formal como informal. Tenga en cuenta el número de invitados que usted puede acomodar en su casa confortablemente. No saque todos los muebles sólo para tener más espacio pues así se perderá esa atmósfera hogareña que usted quiso desde el primer momento.

Si usted planea una ceremonia afuera, en el jardín o en el patio, tenga en cuenta que las condiciones del tiempo pueden no ser favorables ese día, por lo tanto tenga otra alternativa disponible. Trate de elegir un lugar tranquilo, con poco tráfico o ruido de la calle, etc.

Si planea realizar su boda en otro lugar que no sea la iglesia, tenga en cuenta los preparativos que tendrá que hacer. Algunas cosas que tendrá que considerar son: si es fácil acceder al lugar, las facilidades de estacionamiento, cuántas personas caben y qué material/equipo estará disponible.

Cuando decidan la fecha y la hora de su boda, deben tener en cuenta sus horarios de trabajo o de escuela, conveniencias para las dos familias y los planes de la luna de miel. El sábado es generalmente el día elegido para las bodas pero cualquier día es aceptable. En realidad, muchas bodas se llevan a cabo el viernes por la tarde debido a los horarios de la gente y la disponibilidad del salón de fiestas.

Todo debe ensayarse. El único modo de asegurarse de que todo irá bien es ensayando la ceremonia. Todos deben asistir al ensayo. Es buena ayuda para los participantes oír la música de entrada y de salida así se podrá calcular la marcha. También deberá instruírse a los acomodadores sobre sus responsabilidades. Todo el cortejo deberá familiarizarse con la iglesia/ sinagoga/ templo. Esto incluye el interior, las salidas, la sacristía, la sala de espera y el vestuario si fuese necesario.

El ensayo de la boda debe ser la noche anterior. Calcule por lo menos 2 horas. El ensayo debe ser agradable y divertido. Esto le permitirá sentirse aliviada, más tranquila, sabiendo que cada uno conoce sus responsabilidades.

Generalmente se ofrece una cena inmediatamente después del ensayo y tradicionalmente la paga el novio o su familia. Asegúrese de hacerlo temprano por la noche ya que el día siguiente, el día de su boda, usted deberá estar descansada y feliz.

ALGUNAS REFLEXIONES SOBRE LA BODA JUDIA

"No existe un criterio o regla "fija" en la ceremonia judía"—no interesa lo que el rabino opine, lo que la madre opine, no interesa lo que el repostero opine."　　—Anita Diamant, de *"La Boda Judía"*

PLURALIDAD EN LOS ESTADOS UNIDOS

Estados Unidos es tierra de muchas religiones. También debe mencionarse que es la tierra donde hay diversidad de práctica dentro de las comunidades religiosas. El judaísmo no es una excepción.

AMISTAD CON EL RABINO

En la sociedad de nuestros días muchas personas no se encuentran en una posición de contar con "un rabino en la familia." Encontrar un rabino no es tan difícil como se pueda pensar. Dondequiera que haya por lo menos una sinagoga, el rabino local, chantre o administrador podrá ayudarle.

Lo más importante es encontrar un rabino con el que usted se sienta a gusto. Esto va a depender del rol que el rabino juegue en los planes de su casamiento.

Si usted solamente desea alguien que le facilite el casamiento es una cosa. Pero si quiere un rabino que sea más que un simple agente civil y autoridad religiosa con quien usted pueda tener una relación impersonal, debería buscar a alguien que realmente cumpla sus requisitos.

El rabino debe ser capaz de aconsejarle en cada faceta de sus planes de boda, aún si usted necesita de los servicios del calígrafo, del servicio de repostería o de los músicos. Más importante aún, el rabino puede ayudarles a establecerse en su nuevo hogar dentro de la comunidad israelita, con todos los aspectos religiosos, étnicos y sociológicos que ello implica.

CUIDADO CON LOS ROTULOS

.　El rabino debe ser elegido basándose en la experiencia y sensibilidad. Hay muchos buenos rabinos que prestan sus servicios en diferentes ramas de la fe judía. Elija un rabino, no un rótulo.

TRABAJANDO CON SU RABINO

Ningún tema del que usted desee hablar es tabú. El rabino, sin embargo, estará muy interesado en lo siguiente:

1. Tanto el novio como la novia son hijos de madre judía ¿o fueron correctamente convertidos al judaísmo?
2. En caso de contraer matrimonio por segunda vez, el rabino querrá saber si un divorcio religioso oficial ha anulado el matrimonio anterior.
3. Algunos rabinos querrán saber si ese matrimonio es de algún tipo prohibido por las leyes judías.
4. El rabino querrá aconsejar a la pareja sobre la fecha de la boda. Además del sábado (día de descanso), los días de abstinencia y los días sagrados hay aproximadamente 10 semanas del calendario en las que tradicionalmente no se llevan a cabo enlaces matrimoniales (aproximadamente desde mediados de Abril hasta principios de Junio y a fines de Julio).

Nota—Muchos rabinos no querrán tomar parte de una unión en que los novios son de distinta fe religiosa. Esto no debe tomarse a nivel personal. Los matrimonios entre personas de distinta fe religiosa no son aceptados en los círculos tradicionales.

LA LISTA DE CASAMIENTO JUDIA

La ceremonia judía puede llevarse a cabo en cualquier lugar, puede levantarse una simple tienda de campaña. Generalmente, la ceremonia se realiza donde va a tener lugar la recepción. Además, deben proporcionar lo siguiente:

Un contrato de matrimonio.
Dos testigos reconocidos por las leyes judías.
Dos copas de vino.
Vino "Kosher."
Un vaso/copa de vidrio bien envuelta (el novio la pisará con el pie izquierdo al finalizar la ceremonia).
Una cinta nupcial sencilla (que el novio entregará a la novia durante la ceremonia).
Suficientes gorritas (Kippot) para los hombres del cortejo y los invitados.

Nota—Las ceremonias en las que se usan una banda doble no son reconocidas en los círculos tradicionales. De cualquier modo, no tenga miedo de preguntar al rabino qué le será permitido.

EL CASAMIENTO JUDIO

(Vea el diagrama de la formación tradicional en la siguiente página.)

Usted puede elegir tener un rabino o dos chantres que celebren la boda, donde los chantres cantarán los salmos/bendiciones. También podría dividir la celebración entre dos rabinos.

Cuando entren en la sinagoga, se dirigirán al altar donde el rabino normalmente está esperando. La música de entrada no es un requisito religioso.

Es hermoso ver a la familia y a los invitados alrededor de la carpa. La intimidad y sentido de comunidad que ello implica se suma a la creación del "nuevo hogar" que se inicia bajo el techo de esa carpa.

En ceremonias muy tradicionales, la novia hace un círculo alrededor del novio siete veces mientras las dos madres sostienen la cola de su vestido. En las Escrituras Hebreas está escrito, "Y cuando el hombre toma por esposa" siete veces. Es un hermoso detalle.

LA CEREMONIA DEL CASAMIENTO

Se lee la bendición del matrimonio, seguida por un trago de la primera copa de vino. Muchos actos sagrados en la fe judía se consagran por medio del vino.

El novio le entrega un anillo muy simple a la novia seguido de la siguiente declaración:

"Te desposo con este anillo de acuerdo con la ley de Moisés y de Israel."

Aceptando este simple objeto de reconocido valor en presencia de testigos, la novia es desposada por su marido. Después de la ceremonia ese anillo puede ser sustituído por uno más elaborado.

Luego, el Ketubah (certificado de matrimonio) es leído en voz alta. En él se mencionan las mutuas obligaciones de la pareja bajo las leyes judías. Es firmado por testigos, no por la pareja. Por último el rabino da su mensaje y bendición personal a la pareja.

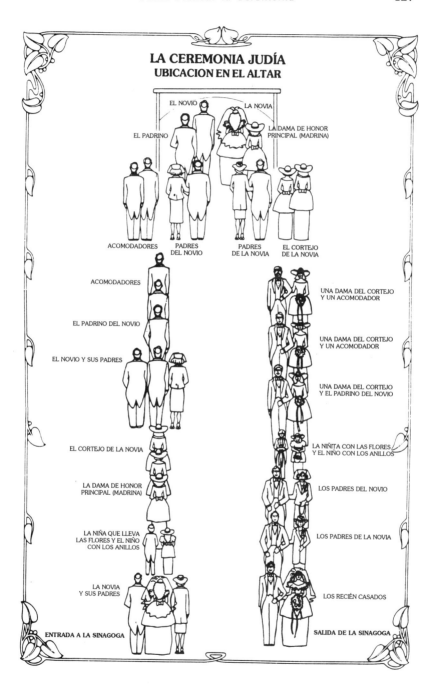

LA CEREMONIA JUDÍA
UBICACION EN EL ALTAR

EL NOVIO   LA NOVIA

EL PADRINO   LA DAMA DE HONOR PRINCIPAL (MADRINA)

ACOMODADORES   PADRES DEL NOVIO   PADRES DE LA NOVIA   EL CORTEJO DE LA NOVIA

ACOMODADORES

EL PADRINO DEL NOVIO

EL NOVIO Y SUS PADRES

EL CORTEJO DE LA NOVIA

LA DAMA DE HONOR PRINCIPAL (MADRINA)

LA NIÑA QUE LLEVA LAS FLORES Y EL NIÑO CON LOS ANILLOS

LA NOVIA Y SUS PADRES

ENTRADA A LA SINAGOGA

UNA DAMA DEL CORTEJO Y UN ACOMODADOR

UNA DAMA DEL CORTEJO Y UN ACOMODADOR

UNA DAMA DEL CORTEJO Y EL PADRINO DEL NOVIO

LA NIÑITA CON LAS FLORES Y EL NIÑO CON LOS ANILLOS

LOS PADRES DEL NOVIO

LOS PADRES DE LA NOVIA

LOS RECIÉN CASADOS

SALIDA DE LA SINAGOGA

La ceremonia concluye cuando se recitan las siete bendiciones matrimoniales, beben un trago de la segunda copa de vino y rompen una copa. Esta costumbre se basa en la creencia de que mientras no haya redención en el mundo, no puede haber completa felicidad. El romper una copa de vidrio es reconocimiento de la imperfección que existe en el mundo. Es también símbolo de nuestras vidas. La vida es frágil como el vidrio y cualquiera sea el tiempo que tengamos disponible debe ser usado productivamente.

Ahora que la ceremonia ha acabado, se desvanece toda la oscuridad de los pensamientos. ¡Y a seguir con las festividades!

¿QUIÉN PAGA?

En los "buenos viejos tiempos" la familia de la novia se hacía cargo de todos los gastos excepto las bebidas alcohólicas, las flores y las fotos. Hoy, los gastos se negocian.

LAS INVITACIONES

Generalmente se incluyen los nombres de los padres del novio y de la novia. Normalmente, se adhiere una primera página con una traducción en hebreo. Para ello se necesita un calígrafo o una impresora que sea capaz de imprimir esos caracteres.

FUENTES JUDIAS

Los libros del "cómo."

Diamant, Anita. *La boda judía.* New York: Summit Books, 1985.

Siegel, Richard, Strassfeld, Sharon & Michael, Editors. *El Primer Catálogo Judío.* Philadelphia: The Jewish Publication Society of America, 1973.

Guías De Servicios Para La Comunidad Judío Americana

Strassfeld, Sharon & Michael, Editors. *El Segundo catálogo Judío.* Philadelphia: The Jewish Publication Society of America, 1976. (Presten atención a las "Páginas Amarillas" que son puestas al día periódicamente.)

Tillem, Ivan, Editor. *El Directorio y Almanaque Judío.* New York: Pacific Press, 1986.

Fuentes Musicales (enviadas por catálogos)

Velvel Pasternak
Tara Publications
29 Derby Ave.
Cedarhurst, NY 11516

Transcontinental Music Publications
838 5th Avenue
New York, NY 10021

NOTAS

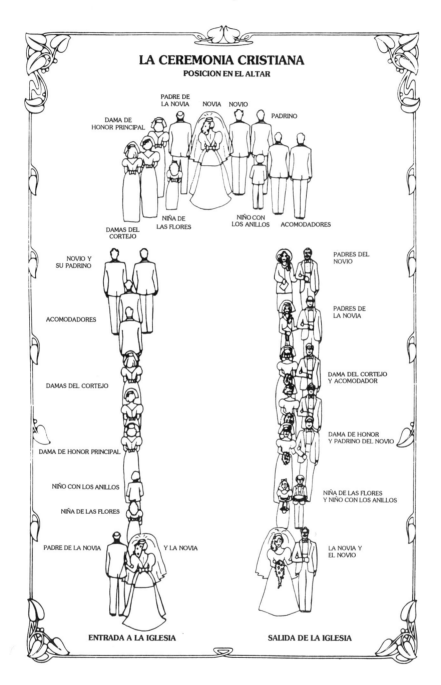

LA CEREMONIA CRISTIANA
POSICION EN EL ALTAR

PADRE DE
LA NOVIA   NOVIA   NOVIO
                                        PADRINO
DAMA DE
HONOR PRINCIPAL

NIÑA DE
LAS FLORES

NIÑO CON
LOS ANILLOS   ACOMODADORES

DAMAS DEL
CORTEJO

NOVIO Y
SU PADRINO

PADRES DEL
NOVIO

ACOMODADORES

PADRES DE
LA NOVIA

DAMAS DEL CORTEJO

DAMA DEL CORTEJO
Y ACOMODADOR

DAMA DE HONOR PRINCIPAL

DAMA DE HONOR
Y PADRINO DEL NOVIO

NIÑO CON LOS ANILLOS

NIÑA DE LAS FLORES
Y NIÑO CON LOS ANILLOS

NIÑA DE LAS FLORES

PADRE DE LA NOVIA   Y LA NOVIA

LA NOVIA Y
EL NOVIO

ENTRADA A LA IGLESIA   **SALIDA DE LA IGLESIA**

Fecha y hora de la boda: _____

Lugar de la ceremonia: _____

Clérigo o persona que oficia la ceremonia: _____

Dirección: _____ Teléfono: _____

Fecha y hora de ensayo: _____

Cuarto para que se vistan los del cortejo: _____

Requisitos de la iglesia para:

Atuendo: _____

Flores o decoraciones: _____

Fotógrafo: _____

Tipo de música: _____

Tipo de lecturas: _____

Arrojar arroz: _____

Componer sus propios votos: _____

Alfombra que lleva al altar: _____

Provee la iglesia:

Alfombra del pasillo central: _____

Reclinatorio: _____

Dosel: _____

Tarifa de la persona que oficia el servicio: _____

Tarifa del organista: _____

NOTAS

_____

_____

_____

LA MUSICA

La música es una parte muy importante en la ceremonia religiosa de su boda. **Antes de seleccionar la música para el servicio religioso es aconsejable verificar con el clérigo y el organista** cualquier regla especial referente a la música que su iglesia pueda tener. A continuación se ofrece una lista de sugerencias para seleccionar la música de su boda.

1. Reúnase con el organista antes de comenzar a seleccionar la música. Recuerde que muchas iglesias tienen pautas estrictas sobre el tipo de música a usarse en un marco litúrgico. El organista debe ser capaz de ayudarle a seleccionar su música.

2. La música es un servicio proporcionado por personas especializadas en ello, como lo son las flores y las fotos. Asegúrese de consultar las tarifas que cobran los músicos. Son generalmente proporcionales a su experiencia, al número de ensayos y a la cantidad de canciones que tocarán ese día. No suponga que un amigo tocará gratis.

3. Si fuese posible, intente que un músico la acompañe cuando seleccione su música. Esto ayudará al músico a tocar cualquier canción que no le sea familiar.

4. Conozca la amplitud vocal y habilidad musical de sus músicos y téngalo en cuenta a la hora de elegir su música. (Por ejemplo, las canciones más populares vienen sólo en una escala musical y disponen sólo de acompañamiento de piano).

5. Para asegurarse de que está pidiendo la música correcta, conozca el título exacto, el compositor y/o el que tiene a su cargo la adaptación, la amplitud de su voz y el tipo de acompañamiento necesario. Si fuese posible también averigue quién es el editor—ésto está incluído en la lista de canciones de bodas que contiene este capítulo. En muchos casos, los músicos desearán sugerir su propia música.

6. Asegúrese de obtener suficientes copias de cada pieza musical. Fotocopiar es ilegal y su iglesia puede verse en problemas por permitirle usar copias. La mayoría de los organistas profesionales en las iglesias mantienen sus propias bibliotecas de música.

7. Seleccione su música tan pronto como sea posible. Si es necesario pedir algo, puede llevar hasta seis semanas

obtenerlo. Además, usted debe dar tiempo a los músicos para que se familiaricen con la música.

8. El solista—vocal e instrumental—debería ensayar con el organista antes de la boda.

9. Es bueno darse tiempo para conversar con su familia sobre la selección musical, así ellos comprenderán las reglas que la iglesia impone sobre la música y sus requisitos. No es buena idea sorprenderlos con algo que los pueda decepcionar. Es posible también que una canción favorita de la familia pueda ser inapropiada para lo que la iglesia considera un momento sagrado.

10. Tenga siempre a mano otras alternativas. Muchas veces una canción puede encontrarse solamente en una colección o puede no haber suficientes copias impresas de la partitura de un arreglo específico, o si usted no lo ha hecho con tiempo, puede estar agotado. Una vez más, una canción puede ser inapropiada para una celebración litúrgica. Esté abierta a nuevas sugerencias.

El preludio puede comenzar como una media hora antes de que comience la ceremonia. En una boda en la iglesia, ésta es generalmente música de órgano clásica, aunque a veces se usan otros instrumentos como guitarras, flautas y pianos. Una vez más, pida sugerencias al músico o al clérigo.

Si va a contar con un solista, el momento inmediato antes de que la novia haga su entrada sería excelente para una canción. Otras canciones pueden cantarse durante el servicio si la costumbre de la iglesia lo permite.

La entrada de la novia debe estar acompañada por una música majestuosa y alegre.

La música de salida puede tener tanta "presencia" como la de entrada, pero debe ser a un tiempo apenas más rápido con un matiz de emoción.

AL ENTRAR Y AL SALIR

A Wedding Processional	Near	Gray
Aginecourt Hymn	Dunstable	Presser in *Treasury Of Organ Music* ed. Biggs

Bridal Chorus (from Lohengrin)............Wagner		G. Schirmer, Belwin, and other wedding books
Cortege............Young		Young, 11 Organ Pieces, Flammer
Epithalame (Sortie)............Willan		Berandol, BMI Canada
Epithalame (Rise Up, My Love)............Willan		Oxford
Fanfare and Processional............Wagner		Flammer
Festival Flourish............Jacob		Oxford, *Album Of Praise*
Hornpipe (from "Suite From Water Music")............Handel		J. Fischer, Novello— *Wedding Album*
Jesu, Joy Of Man's Desiring............Bach		Concordia, Oxford, etc.
Joyful, Joyful We Adore Thee............Beethoven		Hope, *Everything For The Wedding Organist*
Largo (from Xerxes)............Handel		Lorenz, *Handel Made Practical For The Church Organist*
My Spirit Be Joyful............Bach		Presser, Belwin
National hymn............Warren		Hymnals
Now Thank We All Our God............Bach		Belwin, others
Now Thank We All Our God............Johnson		Augsburg
Organ Processional For Manuals............Bender		Concordia
Praise My Soul, The King Of Heaven............Goss		Hymnals
Praise To The Lord............Manz		Concordia, *Choral Improvisations Set II*
Prelude In Classic Style............Young		Lorenz
Processional of Joy (Beethoven's Ninth Symphony)............Beethoven		C. Fischer
Procession On "Westminster Abbey"............Wetzler		Concordia
Rigaudon............Campra		Belwin
Saint Anthony Chorale............Hayden		Hymnals
Thanks Be To Thee (Arioso)............Handel		Hymnals
Triumphal March............Grieg		Peters

Toccata From The 5th Symphony ....Widor		G. Schirmer, Kalmus
Trumpet Fanfare (Rondeau) ....Mouret		Gentry, *Diane Bish Wedding Book*
(Theme from television series *Masterpiece Theatre*)		
Trumpet In Dialogue ....Clerambault		Mercury, *Treasury Of Early Organ Music* ed. Biggs
Variations On A Theme From Hayden ....Brahms		G. Schirmer
Wedding Processional And Air .... Leupold		Augsburg

COLECIONES PARA ORGANO

Baroque Album, Vol. I & II.	arr. Wolff	Concordia
Baroque Music For Manuals, Vol. I & II.	arr. Wolff	Concordia
Bliss—Royal Fanfares and Interludes		Novello
Bloch—Four Wedding Marches		G. Schirmer
Book Of Wedding Pieces, A.		Oxford
Ceremonial Music For Organ, Book I & II.		Oxford
Classical Wedding Music, Vol. I & II.		Lorenz
Diane Bish Wedding Book	arr. Diane Bish	Gentry/Hinshaw
Gieschen—Organ Pieces For Wedding And General Use		Augsburg
Handel—Fireworks Music		Belwin
Handel—Suite From Water Music		J. Fisher
Handel—Water Music		Novello
Incidental Music For Weddings and Other Occasions, ed. Dearnley		Basil Ramsey
Modern Organ Music, Vol. I, II & III.		Oxford
Music For Weddings, ed. Rossine		Belwin
Second Book Of Wedding Pieces		Oxford
Three Trumpet Tunes	arr. David N. Johnson	Augsburg
Wedding Album For Manuals		Novello
Wedding Music, Book I, II, III, & IV.	arr. Johnson	Augsburg
Wedding Music, Vol. I & II.		Concordia

LIBRETOS PARA PIANO Y ORGANO

Easy Wedding Duets	arr. Lani Smith	Lorenz
Organ And Piano Duets For Church	arr. Setchell	R.D. Row
Schirmer's Album Of Organ And Piano Duets	arr. Stickles	G. Schirmer

ORGANO Y VIENTO

Bach/Biggs—My Spirit Be Joyful		
(O & Trpt)		Mercury
Bach/Biggs—Three Wedding Chorals		Associated
Baroque Composers Of the Chapels Royal		
(O & 2 Trpt)	arr. Wolff	Concordia
Baroque Music For Weddings		
(O & 1 or 2 Trpt)	arr. Wolff	Concordia
Baroque Music For Organ		
(O & 1 or 2 Trpt)	arr. Wolff	Concordia
Bender—Wedding Sonata		
(O & Trpt, Trbn or Ob)		Hinshaw
Charpentier—Prelude To A Te Deum		
(O & Trpt)		Brass Press
Clarke/Kingsburg—Trumpet Voluntary in D		
(O & 3 Trpt)		Gray
Clark/Nelhybel—Trumpet Voluntary		
(O & 2 Trpt, 1 Trbn)		Hope
Gabrieli—Canzon Duodecimi Toni		
(O & BQ)		Augsburg
George—Wedding Music		
(O & Trpt)		Gray
Greene/Boyce—A Suite Of Trumpet Voluntaries		
(O & 2 "D" Trpt)		Brass Press
Handel/Wolff—Six Processionals		
(O & 1 or 2 Trpt)		Concordia
Johnson—Eight Fanfares For Organ And Brass		
(O & BQ)		Augsburg
Johnson—Festival Pieces For Brass		
(Processional O & Trpt)		Augsburg
Johnson—Tune For Trumpet		
(O & Trpt)		Augsburg
Marcello—Psalm XVIII		
(O & Trpt)		Gray
Mouret—Sinfonies De Fanfares		
(O & Trpt)		Gray
Music Of Jubilee		
(O & 1 or 2 Trpt)	arr. Wolff	Concordia
Powell—Antiphon For Two Trumpets and Organ		Concordia
Purcell—Sonata For Trumpet And Organ		Gray
Purcell—Suite In C Major		
(O & BQ)		Billaudot
Purcell—Three Celebrated Trumpet Tunes		
(O & Trpt)		GIA

Shaw—Grand Processional		Sacred Music
(O & B Sextet)		Press
Sinfonia A 2 Trombe		
(O & 2 "D" Trpt)		Brass Press
Skinnel—Wedding Processional		
(O & BQ)		Wimbledon
Stanley—Voluntary In Re Majeur		
(O & Trpt)		Billaudot
Strauss, R.—Festival Procession		
(O & 3 Trpt)		Lienau/Peters
Suite For Organ From The French Baroque		
(O & 1 or 2 Trpt)	arr. Wolff	Concordia
Telemann—Air De Trompette		
(O & Trpt)		Brass Press
Telemann—Airs For Trumpet And Organ		Gray
Telemann—Heroick Musick For Trumpet And Organ		SMP
Torelli—Sinfonia Con Tromba		
(O & Trpt)		King
Watson—Trumpet Tunes Revisited		
(O & Trpt)		Ludwig
Whitford—Four Trumpet And Organ Arrangements		J. Fisher
Zabel—Procession		
(O & BQ)		

ORGANO Y OTROS INSTRUMENTOS

Alain, J.—Trois Movements	
(O & Flt)	LeDuc
Album Of 30 Classical Pieces, Vol. I & II	
(Flt & Piano)	International
Bach/Grace—Jesu Joy Of Man's Desiring	
(O & Vln)	Oxford
Bach/Grace—Sheep May Safely Graze	
(O & Strings)	Oxford
Classical Album	Boosey &
(Oboe & Piano)	Hawkes
Faure/Wilson—Pavae	
(Flt & Piano)	A. Broude
Flute Music Of The Baroque	
(Flt & Piano)	G. Schirmer
Satie—Three Gymnopedies	
(Clar, Flt or Oboe, Piano)	Elkan
Solos For The Oboe Player	
(Oboe, Piano)	G. Schirmer

MUSICA VOCAL PARA CEREMONIAS RELIGIOSAS

Air (Cantata 202)......................................Bach	Assoc., Peters	
Ave Maria..Gound	G. Schirmer,	
	Carl Fisher	
Be Thou With Them (Bist Du Bei Mir)...................Bach	*Solos For The*	
	Church Year by	
	G. Schirmer	
Behold, Thus Is The Man Blessed.......................... Ferris	GIA	
Beloved, Let Us Love One Another.......................Myers	Eastlane	
Bless, O Lord, These Rings (solo or duet)..............Roff	GIA	
Bless Us. O God Of Loving....................................Wetzler	Augsberg	
Blessed Are Those Who Fear The Lord.................Powell	Concordia,	
	In Three	
	Wedding Songs	
Blessed Are Those Who Fear		
The Lord (Psalm 128)...........................Sinzheimer	Concordia	
Brother James' Air................................. Jacob	Oxford	
Build Thee More Stately Mansions........................Weaver	Galaxy	
Call, The.. Vaughn	Boosey &	
Williams	Hawkes	
Cantata 210 (O Holder Tag, Erwunschtezeit)..........Bach	Associated	
Canticle Of The Bride...Talbot	Cherry Lane	
Come Down, O Love Divine....................................Vaughn		
Williams	Hymnals	
Come My Beloved..Overby	Augsberg	
Come, Lord Jesus, To This Place...........................Busarow	Concordia	
Entreat Me Not To Leave Thee.............................Gore	Concordia	
Entreat Me Not To Leave Thee.............................Gound	G. Schirmer	
Entreat Me Not To Leave Thee.............................White	Concordia	
Entreat Me Not To Leave Thee.............................Young	Galaxy	
Eternal Life ("Prayer Of St. Francis")..................... Dungan	Presser	
Evergreen		
(not the popular song from *A Star Is Born*)..............Tanner	Warner Brothers	
Father, All Creating...Butehude	Concordia,	
	Wedding	
	Blessings	
Father, All Creating, O ....Fetler	Concordia,	
	Wedding	
	Blessings	
Flesh Of My Flesh.................................. Patillo	Word	
Gift Of Love (traditional)..Hopson	Hope	
Gift To Be Simple, The.. Parker	Hinshaw	
God, A Woman and A Man....................................Green	Icthus	

God Is My Shepherd	Dvorak	L.C. Fischer, *Dvorak Biblical Songs*
God My Shepherd	Bach/ Dickinson	Belwin
God Of Love My Shepherd Is	Thiman	Gray
God Of Love, O	Lovelace	Augsburg
God Of Love, O	Niccum	Bock, in *Whom God Hath Joined Together*
God Of Love, O	Wood	AMSI
Greatest Of These Is Love, The	Bitgood	Gray, Belwin, Augsburg
Greatest Of These Is Love, The	Dickau	Bock, in *Whom God Hath Joined Together*
Greatest Of These Is Love, The	Moe	Augsburg
Greatest Of These Is Love, The	Penhorwood	Hinshaw
Greatest Of These Is Love, The	Ware	Boston
(All from 1st Corinthians 13)		
Hallelujah (Alleluia)	Hummel	Belwin
Happy Are They Who Dwell In Your House	Pelz	Augsburg, *Three Solos For The High Voice*
Happy Are Those Who Fear The Lord (Psalm 128)	Schiavone	Concordia
Heart Worships, The	Holst	Galaxy
He Has Chosen You For Me	Terry	Word, in *Jubilation*
He Shall Give His Angels Charge Over Thee	Busarow	Concordia
How Amiable, O (2 part choral)	Vaughn Williams	Oxford
How Blest Are They	Proulx	Augsburg
How Do I Love Thee	Dello Joio	Carl Fischer
I Follow With Gladness	Bock	Paterson
I Love Thee	Beethoven	G. Schirmer
I Love Thee (Ich Liebe Dich)	Grieg	G. Schirmer
I Will Sing New Songs Of Gladness	Dvorak	G. Schirmer, C. Fischer in *Biblical Songs*
If With All Your Hearts	Mendelssohn	G. Schirmer
In His Care	Sateren	Augsburg

Entreat Me Not To Leave Thee............................Oosting		Hope in Folk Songs For Weddings
Jesu, Joy Of Loving Hearts....................................Brahms		Concordia in Wedding Blessings
Jesu, Joy Of Loving Hearts....................................Bach		Concordia in Wedding Blessings
Jesus, Shepherd Be Thou Near Me "Sheep May Safely Grace" melody........................Bach		Concordia
Jesus Stand Beside Them......................................Lovelace		Concordia
King Of Love My Shepherd Is, The (choral)............Bairstow		Oxford
Lamps That Light This Wedding Day, The.............Tallis/ Busarow		Concordia
Lord Bless You, The (duet)....................................Bach		Concordia
Lord Is My Shepherd, The.....................................O'Conner/ Morris		Paterson
Lord, May Their Lives..Carroll		GIA
Lord, Who At Cana's Wedding Feast....................Buxtehude		Concordia in Wedding Blessings
Lord, Who At Cana's Wedding Feast....................Held		Augsburg in Three Solos For Medium Voice
Lord's Prayer, The..Malotte		G. Schirmer
Lord's Prayer, The..Peeters		Peters
Love, In Christ..Schultz		Concordia
Love Is Of God...Baumgartner		Concordia
Love Is The Sunlight "Morning Has Broken" tune...............................Busarow		Concordia
Love That Casts Out Fear.....................................Bach		Concordia in Wedding Blessings
Marriage Prayer, A...Wetherill		Flammer "O Perfect Love" text
May God Smile On You (duet)...............................Bach		Peters
May The Grace Of Christ, Our Savior....................Davies		Hymnal
May They In Thee Be One.....................................MacNutt		BMI "O God Of Love" text
My Heart Ever Faithful..Bach		G. Schirmer
My Treasure...Brown		Cherry Lane
My Tribute..Crouch		Lexicon
Ninety First Psalm..MacDermid		Foster

Now With Thanksgiving.........................Busarow	Concordia
Nuptial Blessings...................................Proulx	Augsburg
O Lord Most Holy (Panis Angelicus)...................Franck	G. Schirmer, others
O Master, Let Me Walk With Thee........................Smith	Shawnee
On Eagles' Wings.....................................Joncas	NALR
One In Heart And One In Mind.............................Bach/Roff	Abingdon
Only In The Beginning...........................Cull	Benson
Perfect Love, O (common hymn tune)....................Barnby	Shawnee, C. Fischer
Perfect Love, O..................................... Bock	Bock, in *Whom God Hath Joined Together*
Perfect Love, O..................................... Burleigh	Presser
Perfect Love, O..................................... Campbell-Watson	C. Fischer
Perfect Love, O..................................... Harkor	G. Schirmer
Perfect Love, O..................................... Fox	G. Schirmer, C. Fischer
Perfect Love, O..................................... Nystedt	Augsburg
Perfect Love, O..................................... Sowerby	Gray, Belwin
Perfect Love, O..................................... White	Hope in *Folk Songs For Weddings*
Perfect Love, O..................................... Willan	Gray, Belwin
Perfect Love, O..................................... Williams	Kjos
Prayer Of St. Francis.............................Temple	Found in *Songs Of Praise II*
Psalm 128.............................Dailey	Lillenas in *Bond Of Love*
Psalm 128.............................Wetzler	Augsberg
Simple Gifts (Old American Songs)......................Copland	Boosey-Hawkes
Sacred Trust...Kreutz	GIA
Set Me As A Seal.................................Rochberg	Presser in *Four Songs Of Solomon* by Rochberg
Set Me As A Seal Upon Your Heart......................Mitcheltree	Augsburg
Since Thou, O Fondest And Truest......................Willan	Harris in *Song Album* by Willan
Song For A Christian Wedding.............................Girard	Word

Song Of Ruth ....Eben	Word	
Song Of Ruth ....Hallquist	Hope in *Everything For The Wedding Soloist*	
Song Of Ruth ....Reagan	NALR in *Like A Seal On Your Heart*	
Sweet, Sweet Spirit...Akers	Manna	
Symbol, The.. Niles	Mark Foster	
Thanks Be To Thee..Handel	C. Fischer, others	
That's The Way...Terry	Word	
This Is The Day..Brown	Cherry Lane	
This Love..Busarow	Concordia	
Thou Art My Joy (Bist Du Bei Mir)..........................Bach	G. Schirmer	
Thou Wilt Keep Him In Perfect Peace..................... Thiman	H.W. Gray	
Thou Wilt Keep Him In Perfect Peace..................... Wienhorst	Concordia	
Though I Speak With The Tongues.......................Brahms	Various editions, *Four Serious Songs*	

Three Wedding Songs
  Abide With Them, Dear Savior
  O Perfect Love
  Lord, Who At Cana's Wedding.............................Cassler
	Augsburg	

Three Wedding Songs
  Our Heart Shall Rejoice In The Lord
  Blessed Are Those Who Fear The Lord
  May The Lord Watch Over This House................Powell
	Concordia	

To Grace A Marriage Feast.....................................Ingalls	Eastlane in *Six Songs Of Early Americans For Church*	
Together...Strader	Belwin	
Two Candles..Salsbury	Word	

Two Scriptural Songs
  We Wait In Hope For The Lord (with flute)
  The Greatest Of These Is Love............................Wetzler
	AMSI	

Two Wedding Songs
  Lord, Bless The Souls Who Pledge Their Love
  O God Of Love..Butler
	Sacred Music Press	

Unity Candle Song, The...Sullivan & Hahn	GIA	

Until	Collister	Wind-Chimes
Voice Of My Beloved	Helfman	Alex Broude
Voice That Breathed O'er Eden	Hullah/	C. Fischer
	Berenbroick	
Walk Hand In Hand	Cowell	Columbia
Walk In Love	Powell	Concordia
We Lift Our Hearts To Thee	Lovelace	G. Schirmer
Wedding Benediction, A	Lovelace	G. Schirmer
Wedding Blessing	Bunjes	Concordia, *Wedding Blessing*, ed. by Bunjes
Wedding Blessing	Grieb	C. Fischer
Wedding Blessing same text as Proulx "Nuptial Blessings"	Pelz	Augsburg
Wedding Cantata #202 (Weichet Nur, Betrubte Schatten)	Bach	Assoc., Peters
Wedding Hymn (Father In Heaven Abiding) tune from "Ptolemy"	Handel	BMI
Wedding Prayer, A (based on Bach theme)	Artman	Flammer
Wedding Prayer, A	Diggle	G. Schirmer
Wedding Prayer (Heavenly Father, Hear Us As We Pray)	Dunlap	G. Schirmer
Wedding Prayer, A	MacMillan	Paraclete
Wedding Prayer, A	Rice	Cherry Lane
Wedding Prayer, A	Williams	Gray
Wedding Prayer, A	Wilson	Lorenz
Wedding Processional and Air Based on finale of Cantata 202 (Wedding)	Bach / Leupold	Augsburg
Wedding Song (Psalm 128)	Bender	Concordia
Wedding Song	Carroll / Heckel	GIA
Wedding Song "Song Of Ruth" text	Gieseke	Concordia
Wedding Song "The Voice That Breathed O'er Eden"	MacMillan	Paraclete
Wedding Song "Song Of Ruth"	Peeters	Peters
Wedding Song "Set Me As A Seal	Pinkham	Peters
Wedding Song (folk tune "The Gift Of Love")	Routley	Hinshaw
Wedding Song "Song Of Ruth"	Schuetz	Chantry
Wedding Song	R. Verdi	GIA
When Adam Was Created	Bock	Gentry
When God Designed Creation	Busarow	Concordia
When Jesus To The Wedding Went	Glaser/ Busarow	Concordia

Westminster Abbey Hymn
"Christ Is Made The Sure Foundation" .... Purcell   Hymnal 1982
Where'er You Walk (from "Semele") .... Handel   G. Schirmer
Wherever You Go .... Norbet   NALR, *Glory And Praise #3. Gather To Remember, Wherever You Go*
Wither Thou Goest .... Cassler   Augsburg
Wither Thou Goest .... Dewey   Bock in *Whom God Hath Joined Together*
Wither Thou Goest .... Hildach   Broude
Wither Thou Goest .... Liljestrand   Hope in *Everything For The Wedding Soloist*
With Thou Goest .... Singer   Hal Leonard
With This Ring .... Matesky   Mercury
Within The Arc Of Grace .... Edwards/ Busarow   Concordia

DUOS

And Now We Join .... Halfvarson   Hope in *Everthing For The Wedding Soloist*
Beginning Today .... Ducote   NALR in *Like A Seal On Your Heart*
Bless, O Lord, These Rings .... Roff   GIA
Gift Of Love, The .... Hopson   Hope in *Folk Songs For Weddings*
Greatest Of These Is Love .... Bitgood   Gray
Lord Bless You, The .... Bach   Concordia
Mary's Song .... Joncas   NALR in *Like A Seal On Your Heart*
May God Smile On You .... Bach   Peters
Love Divine, All Loves Excelling .... Stainer   G. Schirmer

Only A Shadow.. Landry	NALR in *Like A Seal On Your Heart*	
Rainbow... Ducote	NALR in *Like A Seal On Your Heart*	
There Is Only One Love.........................Danner	Triune in *Love Is The Melody*	
Wedding Anthem (Psalm 128 text)..........Oliver	Novello	
Wedding Cantana (Vergnugte Pleissenstadt)..........Bach	Associated	
Wedding Prayer..................................... Ault	NALR in *Like A Seal On Your Heart*	
Wedding Prayer..................................... Dunlap	G. Schirmer	
Whither Thou Goest.............................Hildach	Broude	

MUSICA VOCAL PARA CEREMONIAS NO RELIGIOSAS

Amazing Grace..Collins	Hal Leonard
And I Love You So................................. McLean	Columbia
Annie's Song..Denver	Cherry Lane
Beautiful... Lightfoot	Warner Bros.
Benedictus...Simon & Garfunkel	
Bridge Over Troubled Waters................... Simon & Garfunkel	Hal Leonard
Candle On The Water............................Kasha Hirschhorn	Cherry Lane
Can't Help Falling In Love....................... Peretti/Creatire/Weiss	Hal Leonard
Colour My World....................................Pankow	Columbia
Could I Have This Dance.........................	Hal Leonard
Devoted To You......................................Bryant	Columbia
Endless Love..	Hal Leonard
Evergreen... Streisand/Williams	Warner Bros.
Farewell Andromeda................................Denver	Cherry Lane
First Time I Ever Saw Your Face..............McColl	Columbia
Follow Me...Denver	Cherry Lane
For All We Know....................................Wilson/James/Karlin	Columbia
For Baby (For Bobby)............................Denver	Cherry Lane
Forever Young.. Dylan	Warner Bros.
The Hands Of Time (Brian's Song).......................................Legrand	Warner Bros.
Hawaiian Wedding Song...........................	Hal Leonard
Hopelessly Devoted To You.....................Farrar	Hal Leonard
I Can't Help Falling In Love.....................	Columbia
I Don't Know How To Love Him..............Rice/Webber	Hal Leonard
I Honestly Love You...............................Allen/Barry	Columbia

I Just Want To Be Your Everything..........Gibb		Hal Leonard
I Only Want To Be With You.....................		Hal Leonard
I Won't Last A Day Without You............. Williams		Columbia
If..Gates		Warner Bros.
If Ever I Would Leave You........................		Hal Leonard
If I Were A Carpenter...............................P. P. Mary		Columbia
If We Only Have Love...............................Brel		Hal Leonard
I'll Never Be Alone................................... McJuen		
I'll Never Find Another You		
(The Promised Land)...............................The Seekers		
In My Life..Lennon/McCartney		Cherry Lane
Just The Way You Are..............................Joel		Columbia
Let It Be.. Lennon/McCartney		Cherry Lane
Let It Be Me...Becaud		Hal Leonard
Let's Get Together...................................Powers		
Longer..Fogelberg		Columbia
Look To The Rainbow............................. Lane		Hal Leonard
Lord Of The Dance................................. Carter		
Love.. Lennon		Cherry Lane
Love Is A Many Splendored Thing............Webster/Fain		Columbia
Love Me Tender.......................................Presley/Matson		Hal Leonard
Love Song..Murray		Warner Bros.
Love Song, A..Loggins		
Love Story.. Lai		Columbia
More..Ortolani/Oliviero		Hal Leonard
Morning Has Broken................................Stevens		Warner Bros.
My Cup Runneth Over............................. Jones		Hal Leonard
My Sweet Lady..Denver		Cherry Lane
My Treasure...Brown		Sparrow Birdwing
Nadia's Theme .... DeVorzon & Botkin		Warner Bros
Our Love...Carpenters		
People..Streisand		Hal Leonard
People Alone (The Competition)................		Columbia
Perhaps Love..Denver		Cherry Lane
Poems, Prayers, and Promises..................Denver		Cherry Lane
The Rose..McBroom		Warner Bros.
So Many Ways.. King		
Sometimes..Mancini		Columbia
Song Is Love, The....................................P. P. Mary		Warner Bros.
Sound Of Music.......................................Rogers and		Hal Leonard
	Hammerstein	
Speak, Softly Love................................... Rota		
Starting Here, Starting Now.................. Maltby		Hal Leonard
Sunrise, Sunset..Harnick & Bock		Hal Leonard

Sunshine On My Shoulders......................Denver	Cherry Lane
That's The Way...Terry	Sparrow Birdwing
This Is The Day...Brown	
Through The Eyes Of Love....................Sager/Hamlisch	Columbia
Till There Was You................................. Wilson	Hal Leonard
Time For Us, A.. Rota/Kusik/Snyder	Columbia
Time In A Bottle......................................Croce	Warner Bros.
To Love... Cason/Gibb	
Today..Sparks	Columbia
Together Forever....................................Jones	
Top Of The World.................................. Carpenters	Columbia
True Love...Porter	Hal Leonard
Truly..Richie	Cherry Lane
Try To Remember...................................	Hal Leonard
Turn, Turn, Turn.....................................Birds	Hal Leonard
Twelfth Of Never....................................Mathis	Hal Leonard
Up Where We Belong............................	Columbia
Wedding Song.. Collins	
Wedding Song (There Is Love)................Stookey	Warner Bros.
You've Only Just Begun..........................Williams/Nichols	Columbia
What A Difference	
You've Made In My Life.........................Jordan	Hal Leonard
What Are You Doing	
The Rest O Your Life............................Lagrand	
Whenever I Call You Friend.....................Loggins	Warner Bros.
With You I'm Born Again.........................Conners/Shire	Columbia
Wonder Of You, The..............................Knight	Hal Leonard
Would You Walk With Me?.........................Colter	
You And I..Wonder	Columbia
You Are The Sunshine Of My Life............ Wonder	Columbia
You Light Up My Life..............................Brooks	Columbia
You Needed Me...................................... Goodrum, Murray	Hal Leonard

LA SELECCION DE LOS MUSICOS PARA SU BODA

El siguiente esquema le ofrece algunas ideas básicas y generales a considerar en el momento de elegir los músicos para su boda, así como también los diversos instrumentos que podrían incluírse en la ceremonia. La elección del repertorio apropiado para una boda es muy amplio; por lo tanto recuerde que esta lista no es una lista específica sino general. Además, recuerde que hay ciertas piezas musicales escritas específicamente para órgano y para ciertos instrumentos. En un gran número de casos la parte del piano puede ser modificada para órgano, si no se tiene un piano disponible.

Algunas iglesias requieren que sus propios músicos sean responsables de todas las bodas llevadas a cabo allí.

I. Sus músicos
  A. ¿Cuántos?
    1. ¿Durante qué momento del servicio religioso y de la recepción van a tocar?
    2. La mayoría de los músicos deben recibir paga de alguna forma. ¿Cuánto puede usted gastar y cuál es la tarifa establecida por ellos?
      a. Esto debe acordarse de antemano.
      b. Los músicos que pertenezcan a una "Unión" requerirán el pago establecido por dicha Unión.
    3. ¿Qué nivel de actuación está usted buscando?
      a. La de un amigo, posiblemente no profesional.
      b. Un trabajo profesional (¿va usted a grabar la ceremonia?).
      c. ¿Cómo le gustaría que fuese la actuación de los músicos?
        1. ¿Preludio antes del servicio religioso?
        2. ¿Durante el servicio religioso?
        3. ¿Después del servicio religioso?
        4. ¿En la recepción?
      d. Algunos aficionados pueden no tener suficiente vigor para tocar durante toda la sesión.
  B. ¿Dónde encontrar a los músicos?
    1. Amigos, miembros de la familia.
      a. Si va usted a necesitar más de un músico, ¿Son sus niveles compatibles?
      b. ¿Pueden ellos dirigir toda una actuación en la boda?
        1. ¿Nerviosismo?
        2. ¿Está la música a su nivel de capacidad para evitar así una tensión innecesaria?
      c. ¿Tienen sus instrumentos en buenas condiciones?
    2. Artistas/Músicos.
      a. Universidad o escuela local.
      b. Pequeñas actuaciones en conjunto que se reúnen con regularidad y están dispuestos a tocar en una boda.
    3. Profesionales.
      a. Servicios de referencia.

b. Unión de músicos.
c. Grupos estables de actuación.

II. La Música.
  A. ¿Quién elige la música?
    1. Si usted elige —
      a. Háblelo con sus músicos primero, manteniéndose en constante comunicación con el personal de la iglesia. **¡Muy importante!**
        1. ¿Los arreglos musicales serían muy complicados?
        2. Cuánto más difícil es la música, más práctica/ ensayo requiere.
        3. ¿Tienen ellos alguna sugerencia para un material adecuado?
      b. Música popular.
        1. Muy pocos arreglos con partes instrumentales están disponibles.
        2. Verifique con su músico instrumental la capacidad y el transporte.
        3. **Asegúrese de verificar los requisitos de su iglesia,** ya que muchas no permitirán que se toque música popular por lo sagrado del rito.
    2. Si los músicos eligen.
      a. Especifique los momentos exactos en que usted quiere que ellos toquen durante el servicio religioso.
      b. Acuerden el título y/o compositores particulares o épocas (Barroca, Romántica) que a usted le gustaría que tocasen.
  B. ¿Quién paga la música?
    1. Si usted va a contratar músicos profesionales, ellos podrían tener su propia biblioteca de donde sacar material.
    2. Si sus amigos van a participar del servicio—
      a. ¿Tienen a su disposición música adecuada?
      b. La novia y el novio son responsables de los gastos de la música. ¿Cuánto desean gastar?

III. Ensayos.
  A. Cuando se usan instrumentos de acompañamiento del órgano o piano.

1. El solista querrá ensayar con el organista/pianista antes de hacerlo en la iglesia. Para ello deben concertarse ciertos arreglos.

2. Es aconsejable tener un ensayo en la iglesia o en el salón si fuese posible, así los otros músicos podrán practicar con el órgano/piano que se usará ese día.

B. Cuando se usan múltiples grupos instrumentales.

   1. Si se contrata músicos profesionales o un grupo que ensaya junto regularmente, no habría problema con los ensayos más. Si se contrata a profesionales, un ensayo en la iglesia **puede** costarle extra.

   2. Si amigos o familiares van a tocar.

     a. Un ensayo es aconsejable, sólo para tener idea de cómo es tocar juntos.

     b. Los ensayos en la iglesia o en el lugar de la recepción permitirán a los músicos hacer ajustes de acústica.

   3. Tenga claro el órden de actuación y las señas.

     a. Asegúrese de que los músicos sepan el órden de las piezas.

     b. Tenga las claves de los músicos aprendidas de antemano.

       1. Cuándo comenzar (preludio o final).

       2. Cuándo finalizar (preludio o final).

       3. Palabras claves o gestos para la actuación durante la ceremonia.

   4. Verifique por segunda vez qué equipos son necesarios.

     a. Necesitan los músicos—

       1. ¿Sillas/asientos especiales?

       2. ¿Tablado/tribunas?

     b. ¿Se necesita equipo especial para el sistema de "sonido?"

       1. Micrófonos más (guitarras clásicas, flautas)

       2. Altavoces más (guitarras eléctricas, pianos eléctricos,etc.)

COMBINACIONES INSTRUMENTALES POPULARES PARA LAS BODAS

I. De viento.

  A. Trío.

1 flauta, oboe, clarinete.
  2. oboe, clarinete, bajón.
B. Quinteto.
  1. flauta, oboe, clarinete, trompa/cuerno, bajón.
  2. oboe, clarinete, trompa/cuerno, bajón, piano.
II. De metal.
  A. Cuarteto.
    1.. dos trompetas, trompa, trombón.
    2.. dos trompetas, dos trombones.
  B. Quinteto—dos trompetas, trompa, trombón, tuba.
III. De cuerda.
  A. Trío—violín, violoncelo, piano.
  B. Cuarteto—dos violines, viola, violoncelo.
IV. Cuartetos de viento y cuerdas.
  A. flauta, violín, viola, violoncelo.
  B. oboe, violín, viola, violoncelo.
V. Trío Sonata.
  A. dos flautas, bajo (violoncelo) bajo continuo (piano, clavicordio u órgano.)
  B. flauta, oboe, bajo (violoncelo) y bajo continuo.
  C. dos violines, bajo (violoncelo) y bajo continuo.
  D. flauta, violín, bajo (violoncelo) y bajo continuo.
  E. violín, oboe, bajo (violoncelo) y bajo continuo.

NOTAS

_____

_____

_____

_____

_____

_____

_____

LISTA DE REPASO PARA LA MUSICA DE LA CEREMONIA

* Nota — Todos los requisitos musicales de la iglesia local deben ser tomados en consideración cuando planee sus selecciones musicales.

PRELUDIO
Tiempo/Señal: _____   Selección: _____
Selección: _____   Selección: _____
Selección: _____   Selección: _____

PRIMER SOLO
Tiempo/Señal: _____   Selección: _____

MARCHA NUPCIAL
Tiempo/Señal: _____   Selección: _____

ENTRADA DE LA NOVIA
Tiempo/Señal: _____   Selección: _____

SEGUNDO SOLO
Tiempo/Señal: _____   Selección: _____

SALIDA
Tiempo/Señal: _____   Selección: _____

POSTLUDIO
Tiempo/Señal: _____   Selección: _____

MUSICOS
_____   Costo: _____
_____   Costo: _____

SOLISTAS
_____   Costo: _____
_____   Costo: _____
Costo Total: _____

PROGRAMAS DE LA BODA

Si usted va a imprimir los programas de la boda, generalmente se incluye la siguiente información:

— Título del Programa
— El orden del Servicio Religioso
— Reconocimiento a los participantes
— Mensajes y Anotaciones

TITULO DEL PROGRAMA

Esta sección está generalmente escrita en el margen superior de la página izquierda interna en los programas que tienen un diseño en la portada, normalmente incluye lo siguiente:

FRASE DE INTRODUCCION
NOMBRE DE LA NOVIA
NOMBRE DEL NOVIO
Día y Fecha
Hora
Lugar de la Ceremonia
Ciudad y Estado

Las siguientes son sugerencias para la frase de introducción:

LA CEREMONIA NUPCIAL	LA CELEBRACION NUPCIAL
del	del
SACRAMENTO DE LA	SERVICIO DE UNION
SAGRADA UNION MATRIMONIAL	MATRIMONIAL

BIENVENIDOS AL	LA MISA DE UNION MATRIMONIAL
SERVICIO NUPCIAL	

CELEBRACION Y BENDICION	SERVICIO NUPCIAL DE LA UNION
DE LA UNION MATRIMONIAL	MATRIMONIAL

EL ORDEN DEL SERVICIO RELIGIOSO

El órden del servicio religioso enumera las partes individuales del servicio-- Preludio, Marcha Nupcial, Solo, Invocación, Lectura de las Sagradas Escrituras, Ceremonia del Matrimonio, Encendido de la Vela de Unión, Bendición, Salida, etc. Dependiendo de la fe, las costumbres y la terminología litúrgica habrán variaciones. Es mejor consultar con el clérigo acerca del servicio religioso.

Otros puntos a incluir son los títulos de las músicas con los compositores y/o artistas, el título del libro y del poema con los autores y/o lectores, pasajes de las Sagradas Escrituras con los lectores, los títulos de los himnos con el número de las páginas, palabras para oraciones cortas por la congregación y cualquier otra anotación especial. Generalmente, no hay suficiente espacio para incluir canciones y lecturas enteras. Si éstas no están disponibles en el libro de oraciones y canciones de la iglesia, pueden ser imprimidas en la parte de atrás del programa. El permiso para reimprimir material que tienen derechos de propiedad literaria debe obtenerse a través del respectivo editor.

LOS PARTICIPANTES

Los nombres de los participantes pueden ser agrupados y seguir un orden usando títulos para separar los grupos o todos pueden ser nombrados en una secuencia lógica bajo el único título de "Participantes de la Boda." Sea consistente respecto al nombre de las personas. Los nombres deben estar precedidos por títulos tales como Señora, Señor o Señorita. Deben usarse nombres propios y no sobrenombres.

SECCION DE MENSAJES Y ANOTACIONES

Esta sección puede ser ubicada al pie de la contraportada del lado derecho del programa si es que está en blanco. Breves mensajes personales o expresiones de gratitud o agradecimiento a los invitados departe de la novia y del novio son muy apropiadas y se vuelven un recuerdo perdurable. Como alternativa al mensaje personal, una oración especial, poema o cita breve podrían expresar sus sentimientos agradablemente. Anotaciones acerca de la recepción, restricciones para tomar fotos, apreciación de los regalos, la nueva dirección u otra información necesaria para los invitados deben estar al pie de la página.

A continuación se citan algunos ejemplos de mensajes personales o expresiones de agradecimiento que a lo mejor usted quisiera imprimir en el programa de su boda o decir durante la ceremonia.

"Gracias por compartir este felíz día con nosotros."

"Gracias por compartir este servicio religioso con nosotros. Ustedes han aumentado nuestra alegría estando junto a nosotros el día de nuestra boda."

"Nos sentimos honrados de que ustedes puedan compartir con nosotros estos sagrados y alegres momentos. Que Dios bendiga a cada uno de ustedes."

"Nuestro especial agradecimiento a todos ustedes por compartir hoy nuestra alegría."

"Gracias por compartir este servicio religioso con nosotros el día de nuestra boda."

"Gracias por compartir estos preciosos momentos con nosotros y por atestiguar nuestros juramentos. Ustedes están invitados al domicilio del novio _____ donde podrán ver los regalos después de la recepción."

"Quisiéramos expresar gratitud a nuestros padres por su amor y consejo. Además quisiéramos agradecer a nuestros parientes y amigos el haber venido hoy a compartir nuestra alegría. Pedimos la bendición del Señor y sus oraciones para nuestro matrimonio."

"Especialmente para nuestros padres—Gracias por acompañarnos en este día. Ustedes nos han enseñado a amar y esperamos devolver ese amor a través de nuestro matrimonio."

"Para nuestros padres, que han sido tan pacientes y comprensivos y nos han dado tanto amor y estímulo, gracias. En este día tan especial de nuestras vidas queremos que sepan que ¡LOS AMAMOS MUCHO!"

"Quisiéramos también expresar nuestro agradecimiento a todos aquellos que han contribuido con sus ideas, apoyo y ayuda para hacer posible este día."

"Gracias por compartir este día tan especial con nosotros. Tiene un gran significado para nosotros dos que muchos de nuestros amigos y familiares, especialmente aquellos que han venido desde tan lejos, pudieran estar aquí para ayudarnos a celebrar nuestro matrimonio. Rogamos a Dios que los acompañe en su viaje de regreso una vez que las festividades concluyan. Que El siempre bendiga y enriquezca sus vidas con alegría y amor tanto como ustedes han enriquecido nuestras vidas con su amistad y generosidad."

"Tiene un gran significado para nosotros tenerlos a todos ustedes aquí este día. Gracias por ser testigos de nuestra expresión de amor a través de nuestros juramentos que marcan el inicio de una nueva vida juntos. Sentimos que nuestro amor deriva de nuestra capacidad de amar profundamente, disfrutar simplemente y pensar libremente. Nuestro especial deseo es que cada uno de ustedes continúen siendo una parte de nuestras vidas. Sin amigos, familia y parientes lo que poseemos es muy poco."

"Al unir nuestros corazones y comenzar una nueva vida juntos, nos detenemos a mirar a todos ustedes aquí en nuestro día. Es difícil expresar con palabras nuestros sentimientos hacia aquellos que comparten nuestro amor y felicidad. Las palabras raramente tienen una significación profunda cuando se trata de agradecer. Quisiéramos agradecer en este día a aquellos que nos desean lo mejor. Quisiéramos expresar nuestra gratitud especialmente a nuestros padres y hermanos quienes no solamente nos desean lo mejor sino que están siempre allí cuando los necesitamos. Que Dios los bendiga siempre."

"A nuestras familias y amigos—Estamos honrados con su presencia en esta ceremonia tan importante en nuestras vidas. En este día, hacemos nuestros votos de amor y compromiso del uno hacia el otro ante Dios y ante ustedes. Es nuestra plegaria que Dios sea glorificado en esta ceremonia y que cada uno de ustedes reciba Su bendición."

"BIENVENIDOS A NUESTRA BODA—Estamos honrados de tenerlos a ustedes como nuestros invitados hoy. Queremos compartir estos felices y sagrados momentos con ustedes. Que la bendición del Señor esté sobre todos nosotros al unir nuestras plegarias. Es nuestro deseo que se honre a Cristo no solamente en esta ceremonia, sino también en los años venideros. Quisiéramos que El sea el pilar de nuestro hogar y Señor de nuestras vidas."

"Quisiéramos expresar nuestro más sincero agradecimiento a todos ustedes por contribuir a hacer de este día una alegre celebración—especialmente a nuestros padres que nos dieron la vida; a nuestras familias que compartieron nuestras vidas; y a nuestros parientes y amigos que crecieron con nosotros hasta este día tan especial."

"A NUESTROS INVITADOS—Su presencia aquí aumenta nuestra alegría y felicidad en este día que marca el comienzo de nuestra vida juntos. Ahora nos ponemos de pie frente a ustedes, declarando ante Dios y esta congregación nuestro amor del uno hacia el otro y nuestro intento de unirnos en matrimonio, para compartir con el otro sin reservaciones nuestras vidas, nuestra fortuna y nuestro futuro. Esperamos que continúen deseándonos lo mejor en nuestras vidas como lo han hecho hasta ahora y rogaremos por nuestra continua felicidad y éxito."

LINEA DE RECEPCION
Una vez que el oficiante ha concluido la ceremonia declarando a los novios marido y mujer, se inicia la salida de la iglesia. (Normalmente se hace al revés de la entrada). La dama de honor principal entrega a la novia su ramo de flores y arregla la cola del traje de la novia; la novia se toma del brazo derecho del novio y salen primeros. Les siguen la niña que lleva las flores y el niño que porta los anillos, luego la dama de honor toma el brazo derecho del padrino del novio y salen. Las damas del cortejo y los acomodadores les siguen en parejas, como símbolo de la unión que acaba de formarse.

Los acomodadores ahora regresan para acompañar a las madres, abuelas y otros parientes de edad avanzada de la novia y del novio, con los padres de la novia a la cabeza. Los invitados hacen lo mismo alternando izquierda y derecha, fila por fila.

Si el clérigo lo permite, en el vestíbulo de la iglesia los participantes forman una línea donde recibirán los saludos de la congregación. Esta línea sigue el orden de salida.

Ahora familiares y amigos pueden desfilar ofreciendo sus mejores deseos y felicitaciones.

NOTAS

Como una flor se abre al sol...
así se abre el corazón
a la cálida ternura del amor

Capítulo 14

Flores

FLORES

Las flores realzarán el estilo de su boda y añadirán elegancia a la ceremonia y la recepción.   Se sugiere que escojan una floristería de confianza con suficiente antelación, pues las más cotizadas hay que reservarlas con mucho tiempo.   El/la florista le ayudará a elegir las flores que hagan juego con los colores de la boda y le aconsejará sobre aquellas que sean de temporada.   Según la tradición es la familia de la novia la que paga las flores de la ceremonia y la recepción, así como los ramos de las damas de honor.   El novio aporta el ramo de la novia, los de las damas de honor, las madres, abuelas y los ramilletes de regalo.   También la flor del ojal de los padres,los hombres del cortejo nupcial y su propia flor.

FLORES EN LA CEREMONIA

El propósito de las flores en una ceremonia religiosa es el de realzar el lugar del culto.   Estas pueden ir desde jarrones de flores hasta arreglos más elaborados con ramilletes de flores a lo largo del pasillo.   Asegúrese de consultar con el párroco lo que permite la iglesia.

Si se van a casar en su casa, en un hotel, o en un club, lo mejor es elegir un rincón agradable, como una chimenea o un ventanal, y decidir qué arreglo floral lo puede embellecer más.   Aquí de nuevo su florista le puede ayudar a tomar una decisión.   Tenga en cuenta que algunas iglesias no permiten flores de seda porque van en contra del símbolo y tradición de frescura, pureza,vida, entereza,etc.   Por otro lado,otras no permiten flores o plantas en macetas dentro de la iglesia.   Asimismo el presbiterio de la iglesia Protestante es muy diferente al de la iglesia Católica.   De hecho, la mayoría de las iglesias Católicas ni siquiera permiten flores en el altar.

FLORES PARA LOS AYUDANTES

El ramo de la novia es el más bello de todos, pero el vestido que lleve determinará el tipo de ramo que escoja.   El traje sigue siendo el foco de atención principal.   Tenga en cuenta también que los vestidos y ramilletes de las damas de honor deberán estar a tono con el color y el tema.   Puede que también se decida a escoger un libro de rezos blanco o una Biblia pequeña.   Si el vestido de la novia es largo, puede que ésta se decida por un ramo que caiga un poco.

Si le enseña al florista una muestra del vestido de las damas de honor y bocetos de los vestidos él o ella le podrá sugerir los ramos y adornos del cabello adecuados.

El ramillete de la dama de honor principal debe ser ligeramente diferente al del resto de las damas. Las flores que lleve la niña de las flores deben ser modestas, como corresponde a su edad. Una cestita o un ramillete es lo mejor. Llevar una cesta es fácil y natural, y le proporciona algo en lo que concentrarse cuando camine por la nave de la iglesia. Los ramos de las madres y abuelas deben escogerse teniendo en cuenta el color de sus vestidos. Deben ser sencillos. Las orquídeas son las favoritas de muchas. Las flores en los ojales de los hombres son simplemente un símbolo de participación en la boda, así es que serán pequeños y simples. Los claveles se usan con frecuencia, aunque hay otras posibilidades, como las rosas o un ramito de estefanotis. La flor del novio es normalmente la misma que las del ramo de la novia, y debe ser diferente de la del resto de los hombres.

FLORES DE LA RECEPCION

Deben estar a tono con el tema de la boda, tanto en el color como en el diseño. La mesa del buffet es el foco de atención y por tanto al centro de mesa debe prestársele un cuidado especial. También hay que pensar en los centros de las mesas de los invitados. Puede que también necesite flores, naturales o de seda, en la tarta. Su proveedor o el pastelero pueden encargarse fácilmente de ésto. La base de la tarta puede estar rodeada de guirnaldas o los ramos de la boda, durante la recepción y las fotos.

LISTA DE FLORES

Las flores de la lista a continuación probablemente se pueden encontrar todo el año, pero es aconsejable consultar con el/la florista antes de tomar su decisión.

Aciano	Estefanotis	Lirios del Valle
Azucenas	Gardenias	Margaritas
Claveles	Gladiolos	Orquídeas
Diente de Dragón	Hiedra	Rosas
Espuela de Caballero	Liebrecilla	Siemprevivas

Las flores siguientes normalmente se encuentran en otoño:

Aster	Dalias	Nardos
Cinias	Crisantemo	Spider Mums
Hojas de otoño y follaje		Margaritas Shasta
Shaggy-petaled Fujis		

En las bodas de invierno se pueden encontrar:

Acacias	Gautería	Lirios de Nuestra Señora
Acebo	Lis	Guisante Verde
Camelias	Lilas	Nomeolvides
Lirios Calla	Tulipanes	Flor de Pascua (blanca o roja)

Las flores a continuación se dan en primavera:

Espuela de caballero	Lilas	Ramos de Forsitia
Flor de Manzano	Lirios Calla	Tulipanes
Geranios	Violetas	Junquillo
Guisante Verde	Narcisos	Lirios de Pascua
Nomeolvides	Iris o Lis	Peonías
Sanguiñuelo o Cornejo		

En las bodas de verano:

Aster	Larkspur	Nardos
Cinias	Lirios Calla	Nomeolvides
Dauco	Margaritas	Peonías
Guisante Dulce	Margaritas Shasta	Stock
Iris o Lis	Mundillo	

Insisto, ésto es sólo una guía, comprueben con su floristería las flores disponibles.

NOTAS

_____

_____

_____

LISTA DE LA FLORISTERIA

NOMBRE DEL/DE LA FLORISTA: _____

DIRECCION: _____ TELEFONO: _____

FLORES DEL CORTEJO NUPCIAL

*ESTILO DEL RAMO DE LA NOVIA: _____

COLOR DE LAS FLORES: _____

TIPO DE FLORES: _____ COLOR DEL LAZO: ____

_____ PRECIO: _____

*ESTILO DE LAS DAMAS DE HONOR: _____

COLOR DE LAS FLORES: _____

TIPO DE FLORES: _____ COLOR DEL LAZO: ____

_____ PRECIO: _____

_____ CANTIDAD: _____

*ESTILO DE LA DAMA DE HONOR PRINCIPAL: _____

_____ COLOR DE LAS FLORES: _____

TIPO DE FLORES: _____ COLOR DEL LAZO: ____

_____ PRECIO: _____

*LAS MADRES DE LA NOVIA Y EL NOVIO, ABUELAS, ETC.

CORSAGE COLOR DEL RAMO: ____ COLOR DEL LAZO: ____

TIPO DE FLORES: _____ PRECIO: _____

_____ CANTIDAD: _____

*FLORES PARA EL OJAL—NOVIO: __ COLOR: _____

TIPO DE FLOR: _____ PRECIO: _____

*FLORES PARA EL OJAL-PADRINO, HOMBRES DEL NOVIO, ACOMODADORES, ETC.

TIPO DE FLOR: _____ PRECIO: _____

CANTIDAD: _____ PRECIO: _____

FLORES PARA LA CEREMONIA

*ARREGLOS PARA EL ALTAR:___　COLOR:_____

TIPO DE FLORES: _____　CANTIDAD:_____

_____　PRECIO: _____

*RAMILLETES DE LOS BANCOS:　COLOR:_____

TIPO DE FLORES: _____　CANTIDAD:_____

_____　PRECIO: _____

* VARIOS

A LO LARGO DEL PASILLO CENTRAL:_____

_____ RECLINATORIOS:

* LA ENTREGA

QUE FLORES: _____

FECHA: _____　HORA: _____

DIRECCION: _____

NOTAS

_____

_____

_____

_____

_____

FLORES DE LA RECEPCION

CENTROS DE LA MESA PRINCIPAL: _____
            COLOR: _____
TIPO DE FLORES: _____ CANTIDAD: _____
_____ PRECIO: _____
MESAS DE INVITADOS
ARREGLOS: _____ COLOR: _____
TIPO DE FLORES: _____ CANTIDAD _____
_____ PRECIO: _____
MESA DEL BUFFET
ARREGLOS: _____ COLOR: _____
TIPO DE FLORES: _____ CANTIDAD: _____
_____ PRECIO: _____
FILA DE RECEPCION: _____ COLOR: _____
TIPO DE FLORES: _____ CANTIDAD:: _____
_____ PRECIO: _____
MESA DE LA TARTA NUPCIAL: __ COLOR: _____
TIPO DE FLORES: _____ CANTIDAD:: _____
_____ PRECIO: _____
OTROS ARREGLOS: _____ COLOR: _____
TIPO DE FLORES: _____ CANTIDAD:: _____
_____ PRECIO: _____

ENTREGA

QUE FLORES: _____
FECHA: _____ HORA: _____
DIRECCION: _____

COSTO TOTAL DE TODAS LAS FLORES: _____

NOTAS

El amor
es como
una canción en la mañana
como la luz del sol sobre el rocío—
Brillante, hermoso y siempre fresco

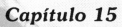

Capítulo 15

Fotografía/Videografía

FOTOGRAFIA

Usted debería elegir un fotógrafo profesional, de buena reputación especializado en fotos de casamientos. Comience a buscar dicho fotógrafo con mucha anticipación a la fecha de la boda (como hasta un año antes o más) ya que muchos de los mejores fotógrafos están comprometidos por un año o dos en el futuro. Pida ver álbumes de las bodas más recientes que ellos hayan compilado. Pregunte qué es exactamente lo que está incluído en el "precio de oferta"—el número de fotos, el tiempo que el fotógrafo va a trabajar, si el álbum está incluído, etc. Reúnase con la persona que hará las fotos. Explíquele las fotos formales e informales que usted quiere tener. Hable de cualquier restricción de la iglesia y pida a su fotógrafo que sea tan discreto como sea posible. Además, busque a un amigo o primo que ayude al fotógrafo a reunir a las personas en grupos, etc. así usted no se pasará el día preocupada de que todos salgan en las fotos. Muchas parejas hoy en día se toman fotos **posando** en la iglesia, antes del servicio para así no retener más tiempo a la familia/amigos después de la ceremonia.

A continuación se ofrece una guía útil para asegurarse de que todos esos felices recuerdos estén capturados en un rollo de fotos. Asegúrese de preguntar sobre los muchos otros efectos especiales que pueden ser hechos creativamente con las fotos hoy en día.

ANTES DE LA CEREMONIA

___ La novia en su traje
___ La novia poniéndose el velo
___ La novia con su madre
___ La novia con su padre
___ La novia con sus padres
___ La novia con su cortejo
___ La novia con la dama de honor principal
___ La novia con abuelos/padrinos de bautismo/ amigos especiales
___ La novia con sus hermanos y hermanas
___ La novia retocándose el maquillaje/peinado
___ Todos recibiendo las flores
___ La novia saliendo de la casa
___ La novia y el padre subiendo al auto
___ El novio solo
___ El novio con su padrino

___ El cortejo del novio recibiendo las flores para el ojal
___ Otras _____

___ _____

DURANTE LA CEREMONIA

___ Los invitados fuera de la iglesia
___ La novia y el padre bajándose del auto
___ La novia y el padre yendo a la iglesia
___ Los acomodadores ubicando a los invitados
___ Los padres del novio acompañados a sus asientos o entrando a la iglesia
___ La madre de la novia acompañada a su asiento o entrando a la iglesia
___ Solista y/u organista
___ El novio y su padrino en el altar o dirigiéndose al mismo
___ La entrega de la novia
___ El altar durante la ceremonia
___ Cada uno del cortejo según avanzan hacia el altar
___ La novia y su padre esperando a que comience la marcha nupcial
___ Entrada del novio con sus padres/de la novia con sus padres.
Durante la ceremonia religiosa el fotógrafo debe ser muy discreto y no distraer la acción central de lo que está ocurriendo.
___ El cortejo en el altar
___ La novia y el novio intercambiando sus votos solemnes
___ La ceremonia del anillo
___ El novio acercándose a la novia
___ El beso
___ La novia y el novio saliendo de la iglesia
___ La novia y el novio en las escalinatas de la iglesia
___ La novia sola en la iglesia
___ La novia y el novio con los invitados y el cortejo
___ La novia y el novio subiendo al coche.
___ La novia y el novio en el asiento de atrás del auto
___ Otras _____

___ _____
___ _____

FOTOS CON LA GENTE POSANDO ANTES DE LA RECEPCION

___ Las damas del cortejo mirando al anillo de la novia
___ Las manos de la novia y del novio
___ La novia y el novio juntos
___ La novia junto a sus padres
___ La novia y el novio con el padrino y la dama de honor
___ La novia y el novio con los niños
___ La novia y las damas del cortejo
___ El novio y su cortejo
___ La novia, el novio y todos los del cortejo
___ La novia, el novio y los padres de ambos
___ Otras _____
___ _____
___ _____

NOTAS

_____
_____
_____
_____
_____
_____
_____
_____
_____
_____
_____
_____
_____
_____
_____
_____
_____

DURANTE LA RECEPCION

___ La novia y el novio llegando al lugar de la recepción
___ La novia y el novio bajándose del auto
___ La novia y el novio yendo a la recepción
___ La línea de recepción posando
___ Foto espontánea de la línea de recepción
___ La novia y el novio en la línea de recepción
___ La madre de la novia en la línea de recepción
___ Los padres del novio en la línea de recepción
___ La mesa del buffet
___ Los amigos sirviendo ponche
___ La novia y el novio en la mesa principal
___ La mesa de los padres
___ Todo el cortejo en la mesa con los novios
___ La novia y el novio bailando
___ La novia y su padre bailando
___ El novio y su madre bailando
___ Los músicos
___ La novia y el novio saludando a los invitados
___ La mesa con el libro de firmas para los invitados
___ El pastel de bodas
___ La novia y el novio cortando el pastel
___ La novia y el novio dándose el uno al otro un pedazo del pastel
___ La novia y el novio brindando
___ Tirando y cogiendo el ramo
___ El novio quitando la liga a la novia
___ Tirando y cogiendo la liga
___ El cortejo decorando el auto de los novios
___ La novia cambiándose de ropa para el viaje de luna de miel
___ El novio cambiándose de ropa para el viaje de luna de miel
___ La novia y el novio despidiéndose de sus padres
___ La novia y el novio listos para partir
___ Los invitados arrojando arroz
___ Los invitados despidiéndose
___ La parte de atrás del auto al partir
___ Otras _____
___ _____
___ _____
___ _____

LISTA DE REVISION DE LAS FOTOS DE LA BODA

Nombre del fotógrafo: _____ Número de teléfono: _____

Dirección: _____

COSTO:

¿Tarifa garantizada? ____ Depósito: _____ Importe: _____

¿Cuándo se hace el depósito? ___ ¿Cuándo se paga el balance? ____

¿Cómo me cobra el fotógrafo? _____

¿Cuánto tiempo estará el fotógrafo en la ceremonia? _____

¿En la recepción? _____

Términos de la cancelación: _____

_____

FOTOS FORMALES DEL COMPROMISO

Tamaño: _____ Precio: _____ Tamaño: _____ Precio: _____

Tamaño: _____ Precio: _____ Tamaño: _____ Precio: _____

FOTOS FORMALES DE LA BODA

Precio: _____

FOTOS ESPONTANEAS ANTES DE LA CEREMONIA

Tamaño: _____ Precio: _____ Tamaño: _____ Precio: _____

Tamaño: _____ Precio: _____ Tamaño: _____ Precio: _____

FOTOS ESPONTANEAS DURANTE LA CEREMONIA

Tamaño: _____ Precio: _____ Tamaño: _____ Precio: _____

Tamaño: _____ Precio: _____ Tamaño: _____ Precio: _____

FOTOS ESPONTANEAS DURANTE LA RECEPCION

Tamaño: _____ Precio: _____ Tamaño: _____ Precio: _____

Tamaño: _____ Precio: _____ Tamaño: _____ Precio: _____

FOTOS DE PRUEBA

¿Cuántas fotos de prueba se harán? _____

¿De qué tamaño serán las mismas? _____

¿Tendré suficiente dinero para comprar las que no se usen? _____

Costo: $ _____

¿Proporcionará el fotógrafo el album? _____

¿Albumes de familia? _____

¿Para qué fecha estarán listas las fotos? _____

Poco después del día de la boda, su fotógrafo le hará saber que las fotos de prueba han sido reveladas. Usted y su esposo podrán entonces elegir las fotos que ustedes quieran ampliar para el álbum. Tenga en cuenta que esas fotos son una inversión para su recuerdo y para su futuro. ¡También son hermosos regalos para sus amigos y parientes quienes comparten su alegría y amor!

NOTAS

_____

_____

_____

_____

_____

_____

_____

_____

_____

_____

_____

_____

_____

_____

_____

_____

FOTOGRAFOS/SERVICIO DE VIDEOS

Grabar en video, la moda más reciente como recuerdo de boda, promete volverse una tradición como lo son las fotografías. El equipo es ligero y portátil, permitiendo tanta flexibilidad y enfoque como usted quiera y desee financiar. Las videocaseteras tienen botones para adelantar y retroceder y para detenerse en su escena favorita cuando usted se sienta nostálgica.

COMO PEDIRLO

Elija el sitio de la boda y de la recepción antes de entrevistar a las compañías para así tener conocimiento de las restricciones de filmación o problemas de iluminación y potencia. Algunas denominaciones religiosas prohíben las filmaciones, otras las permiten pero restringen el uso de la luz auxiliar para mantener así una atmósfera majestuosa. Poca luz puede que no destruya la filmación pero no será nítida.

Los servicios de filmación de bodas son relativamente nuevos. Requieren cuidadosas comparaciones. Busque amplia experiencia en un trabajo comercial e industrial para encontrar los profesionales convenientes. Guarde toda la información que obtenga en su hoja de trabajo.

Vea de antemano modelos de trabajos hechos por esa compañía anteriormente. Pida una descripción del escenario propuesto y de cuántas cámaras serán necesarias para hacer un buen trabajo. Las producciones varían desde una sóla cámara filmando desde un ángulo a varias girando. Los mejores vídeos cuentan una historia más que muestran momentos sin relación. Aunque usted confíe en la experiencia del profesional, un buen productor deseará conocer sus expectativas y preferencias.

Sugiera al productor del vídeo y al fotógrafo que coordinen sus planes de antemano para un máximo y efectivo uso de cada medio.

Hay dos tipos de producciones disponibles. Una, la menos costosa, usa una cámara en un mayor número de posiciones fijas. Las imágenes se toman a medida que la acción tiene lugar y no hay trabajo posterior a la producción. Esto significa que no se edita y que no hay acompañamiento musical, aunque usted tiene la opción de agregar esto último con un costo adicional. Las imágenes en la iglesia, por ejemplo, son tomadas con una cámara fija. Si un miembro del cortejo se coloca en un primer plano para ser visto o usted y su novio deben dar la espalda a la cámara, eso es exactamente lo que se verá en la filmación una vez finalizada. Las producciones más costosas requieren de por lo menos dos cámaras rotativas y la reelaboración del cassette para editarlo. El costo aumenta con la complejidad del trabajo. Una producción elaborada puede costar entre cinco o seis veces más que una simple, en un cassette sin editar.

TECNICAS PARA LA FILMACION

Los directores tienen una variedad de técnicas a su disposición. Es posible conseguir cassettes en color y audio dual (micrófonos). La música de la boda puede ser grabada durante la fiesta y doblada más tarde. Algunos cassettes comienzan con los títulos y un montaje de 2-3 segundos de imágenes cortas y rápidas y es posible incluír entrevistas a amigos y parientes.

LO QUE CUESTA

El costo total dependerá del equipo, de cuánto tiempo trabaja el grupo, de qué imágenes gráficas se agregan, de la duración del cassette, del doblaje del sonido, de los efectos fotográficos especiales y de la revisión y preparación que es usualmente lo que más cuesta. Los equipos varían desde cámaras de video para "películas caseras" hasta cámaras de alta resolución o cámaras de radiodifusión. Generalmente, las compañías cobran por hora, aunque algunas establecen horarios fijos. Decida lo que el presupuesto de su boda le permitirá y elija dentro de esos límites.

POR QUE USAR UN VIDEO

Muchas iglesias están promoviendo el uso del vídeo porque ofrece un recuerdo más práctico y real de la boda. Usted pudo haber estado tan nerviosa que a lo mejor no recuerda los detalles. El vídeo le permitirá sentarse junto a su familia y amigos a ver la boda, compartiendo juntos numerosos y maravillosos momentos.

La recepción, por otra parte, está llena de alegría y emoción. Tanta gente que saludar, tantas cosas que suceden—aún algún familiar que usted no haya visto en años. Qué perfecta forma de recordar caras, alegría, momentos como...el vals de los novios, su canción preferida, una canción especial, un beso furtivo. Mi recomendación sobre la filmación de la recepción es pagar por hora y guardar cada pulgada de película, sin editar. El recuerdo de su boda puede así mantenerse siempre vivo.

NOTAS

_____

_____

_____

_____

_____

_____

_____

_____

_____

_____

_____

_____

_____

_____

_____

_____

_____

_____

_____

_____

_____

_____

*Que haya alegría
en la dulzura del amor
y la frescura de hoy
en todos nuestros mañanas*

Capítulo 16

Transporte

TRANSPORTE

Una parte muy importante cuando planée el día de la boda es el transporte. Después de todo, querrá asegurarse de que tanto usted como el cortejo nupcial, sus padres y los huéspedes lleguen a tiempo a la iglesia y la recepción.

La novia es quien tradicionalmente se hace cargo de su transporte, el de sus padres, las damas de honor y los padres del novio. La manera clásica de moverse el día de la boda es la limousine. Consulte y contraste tarifas y disponibilidad. Si no pregunte a sus familiares y amigos si pueden utilizar sus coches. Ofrézcase a pagar la gasolina y agradézcaselo con un pequeño obsequio.

El día de la boda tenga los coches en su casa con tiempo para llegar a iglesia al menos quince minutos antes de la ceremonia. Si se va a vestir en la iglesia, calcule más tiempo. Planée las fotos que se haga en casa con tiempo. En el primer coche irá la madre de la novia con la dama de honor principal y quizá otra dama o dos. El segundo coche es para el resto de las damas y el tercero para la novia y su padre. Por supuesto los chóferes conducirán estos coches. Otro coche puede recoger a los padres del novio. ¡Y allá vamos! El novio y su padrino se encargan de llegar a la iglesia de media hora a quince minutos antes de la ceremonia, para tener tiempo de entregar el donativo al párroco, ayudar al novio a colocarse la corbata y calmar los nervios.

Si tienen invitados de fuera, asegúrese de que saben cómo llegar a la iglesia y el lugar de la recepción. Si vive en una gran ciudad, puede hacer mapas con las indicaciones. Estos pueden incluirse en las invitaciones o entregarse después de la ceremonia. Reserve aparcamiento para el cortejo nupcial.

Los recién casados dejan la iglesia en el mismo coche, el que trajo a la novia y su padre a la iglesia. Los padres se trasladan en sus coches y las damas de honor y acomodadores en el resto. Existe la probabilidad de que los ayudantes desaparezcan durante la recepción y decoren el coche. O algunos amigos lo hacen durante la ceremonia. El novio puede dejar caer alguna indirecta sobre cómo le gustarían los coches de decorados. Los adornos deben ser seguros y no obstruir la visibilidad del conductor.

Si piensan hacer sonar la bocina a través de la ciudad, tengan en cuenta las zonas residenciales, hospitales, etc. ¡Y conduzca con cuidado!

TRANSPORTE

El día de su boda usted se sentirá especial y estará radiante. Se merece viajar con estilo. Las limousines con chófer son la forma tradicional de transporte de lujo, y al mismo tiempo la moda actual.

COMO ENCARGAR UNA LIMOUSINE

La mayoría de los servicios ofrecen la limousine estándar. Vienen equipadas de serie con estéreo y mampara de cristal de separación entre el conductor y los pasajeros. Algunas agencias ofrecen limousines de lujo o de tipo Rolls-Royce, equipadas con estéreo, bar y televisión en color.

Las agencias casi siempre cobran por tiempo desde que la limousine sale del garaje hasta que vuelve. Lo mejor es alquilar la más próxima a su casa. Normalmente el tiempo mínimo suele ser de tres horas, más la propina, aunque a veces es de dos y después cobran por cada cuarto de hora. Se supone que el kilometraje se mantendrá dentro de un cierto límite. Si se sobrepasa ese tope, se cobrará por hora y milla.

Nuestra hoja para notas le ayudará a hacer su elección. Haga la reserva con una antelación de un mes por lo menos. La mayoría de las agencias les pedirán un depósito, una o dos semanas antes, que irá del 50 al 100%. Si no se ha hecho efectivo todo, el resto se pagará cuando les pasen a buscar.

Asegúrese de preguntar por las posibles cancelaciones. Algunas agencias les devolverán el total de su depósito si cancelan el coche antes de que pasen cinco días desde que hicieron la reserva. Otras se quedarán con una parte o todo.

El horario de las limousines es muy apretado, algunas las 24 horas. Antes de hacer su encargo, asegúrese de fijar la hora y lugar de recogida, el destino y el tiempo aproximado de alquiler.

OTROS TIPOS DE TRANSPORTE

Todo lo que se mueve puede ser usado como medio de transporte. ¡Y con frecuencia se hace! Muchas parejas escogen el coche de caballos atraídos por la gracia de su paso tranquilo y reposado. Los coches antiguos y globos son también favoritos. Algunos van en helicópteros y pequeños aviones privados. Una pareja con conciencia ecológica que conocemos, llegó pedaleando su bici de 10 velocidades. Si van a empezar un largo y sentimental viaje, ¿Por qué no hacerlo de forma especial?

APARCAMIENTO

Puede que consideren una buena idea avisar a la comisaría de policía para que decidan mandar o no a un agente.   Con frecuencia, si el encuentro tiene lugar en una zona residencial o en casa, un policía puede evitar ciertas restricciones si se le da suficiente tiempo. Para la recepción es agradable disponer de un chico para aparcar los coches, especialmente si tienen que andar luego.   Si la recepción se celebra en una gran ciudad, quizá quieran recomendar algún aparcamiento a los huéspedes que vengan de fuera.   Sería recomendable que reserven plazas si es posible.

NOTAS

Un amor
compartido por dos...

LISTA PARA EL CONDUCTOR

Nombre del conductor: _____ Vehículo: _____

Dirección: _____ Teléfono : _____

PASAJEROS

1. Nombre: _____ Hora de recogida: _____
   Lugar de recogida: _____

2. Nombre: _____ Hora de recogida: _____
   Lugar de recogida: _____

3. Nombre: _____ Hora de recogida: _____
   Lugar de recogida: _____

4. Nombre: _____ Hora de recogida: _____
   Lugar de recogida: _____

5. Nombre: _____ Hora de recogida: _____
   Lugar de recogida: _____

6. Nombre: _____ Hora de recogida: _____
   Lugar de recogida: _____

Dirección de la ceremonia: _____ Hora de llegada: _____

Instrucciones: _____

_____

Dirección de la recepción: _____ Hora de llegada: _____

Instrucciones: _____

_____

NOTAS

_____

_____

_____

LISTA PARA EL CONDUCTOR

Nombre del conductor: _____ Vehículo: _____

Dirección: _____ Teléfono : _____

PASAJEROS

1. Nombre: _____ Hora de recogida:_____
   Lugar de recogida: _____
2. Nombre: _____ Hora de recogida:_____
   Lugar de recogida: _____
3. Nombre: _____ Hora de recogida:_____
   Lugar de recogida: _____
4. Nombre: _____ Hora de recogida:_____
   Lugar de recogida: _____
5. Nombre: _____ Hora de recogida:_____
   Lugar de recogida: _____
6. Nombre: _____ Hora de recogida:_____
   Lugar de recogida: _____

Dirección de la ceremonia: _____ Hora de llegada: _____

Instrucciones: _____

_____

Dirección de la recepción: _____ Hora de llegada: _____

Instrucciones:_____

NOTAS

_____

_____

_____

LISTA PARA EL CONDUCTOR

Nombre del conductor: _____   Vehículo: _____

Dirección: _____   Teléfono : _____

PASAJEROS

1. Nombre: _____   Hora de recogida: _____
   Lugar de recogida: _____

2. Nombre: _____   Hora de recogida: _____
   Lugar de recogida: _____

3. Nombre: _____   Hora de recogida: _____
   Lugar de recogida: _____

4. Nombre: _____   Hora de recogida: _____
   Lugar de recogida: _____

5. Nombre: _____   Hora de recogida: _____
   Lugar de recogida: _____

6. Nombre: _____   Hora de recogida: _____
   Lugar de recogida: _____

Dirección de la ceremonia: _____   Hora de llegada: _____

Instrucciones: _____

_____

Dirección de la recepción: _____   Hora de llegada: _____

Instrucciones: _____

_____

NOTAS

_____

_____

_____

NOTAS

*La más preciosa de las ocasiones
es la unión de un hombre y una mujer
para celebrar la vida...*

Capítulo 17

Los Preparativos Para La Recepción

LA RECEPCION

La recepción es una fiesta, la celebración de su casamiento—el tono y estilo deberían reflejar y complementar el tema de su boda. Una vez más, planear con tiempo le asegurará que todo salga sin tropiezos de acuerdo a sus planes. La hora de la ceremonia servirá como guía para elegir la hora apropiada para la recepción. Lo ideal sería que invite a todos sus invitados para la cermonia y la recepción, si fuese posible. La recepción debería llevarse a cabo inmediatamente después de la ceremonia.

Una vez que usted haya decidido el número de invitados, el tipo de recepción que quiere y la suma que quiera gastar, deberá elegir el lugar. A continuación se ofrecerá una lista de ideas sobre a quién contactar:

*Organizaciones Fraternales—consulte con organizaciones locales como: Moose, Elk, K of C, F.O.P., Eagles, y V.F.W.. Algunas alquilan sus salones de fiestas a no miembros. Cada una tiene sus propias reglas y políticas.

*Iglesias—muchas tienen salones que alquilan tanto a miembros como a no miembros. Una vez más, verifique los requisitos.

*Clubes de campo.

*Restaurantes con salones para banquetes—consulte las Páginas Amarillas locales.

*Salones de baile—consulte en las Páginas Amarillas locales.

*Parques—verifique los parques de la ciudad, del condado y del estado que tengan facilidades apropiadas.

*Casa—asegúrese de que haya suficiente espacio para que todos se puedan mover cómodamente y de que haya sitio suficiente para aparcar.

*Al aire libre—usted debería alquilar una carpa así tendría un techo en caso de que el tiempo esté lluvioso.

Consulte las Páginas Amarillas locales para contactar otros lugares o pida sugerencias a amigos y parientes.

Elegir el correcto servicio de banquete es muy importante. El experto de dicho servicio le ayudará a elegir el menú adecuado para el momento del día en que su recepción se lleve a cabo. Generalmente, el servicio de banquete proveerá toda la vajilla, los cubiertos, vasos, tazas, platos y manteles. También le ayudarán a arreglar las mesas y le darán ideas para la decoración, etc.

El costo dependerá básicamente del servicio de banquete que ellos provean. Algunas compañías cobrarán una tarifa global o individual. Usted deberá dar un costo estimado por lo menos con una semana de anticipación. Asegúrese de tener estos costos estimados por escrito.

Dependiendo del lugar que usted elija para su recepción, deberá decidir cuidadosamente las bebidas alcohólicas u otro tipo de bebidas que planee servir. Debe decidir si desea una barra libre o que los invitados paguen por sus bebidas. También debe decidir los tipos de bebidas que se van a servir. Esto último es uno de los mayores gastos de la recepción.

Si su recepción es en un hotel o en un restaurante, probablemente no se le permitirá a usted proveer las bebidas. Verifique con el gerente del banquete lo que le costará. Si la recepción es en un salón o en una casa privada, usted quizás tenga que proveer la bebida. Póngase en contacto con el distribuidor local de bebidas alcohólicas, quien le ayudará a determinar los tipos de bebidas alcohólicas a servir y las cantidades necesarias. Una vez más, planear con tiempo le permitirá encontrar ofertas en estos productos. Además, asegúrese de preguntar por la devolución de botellas que no se hayan abierto si es que no las van a usar.

La música de la recepción determinará el estilo de la fiesta. Una vez que haya decidido el tipo de recepción que desea deberá determinar el tipo de música. La elección del entretenimiento deberá hacerse con mucha anticipación ya que las mejores bandas usualmente son contratadas a largo plazo en el futuro. Hable con el líder de la banda sobre el tipo de música que usted quiere o no quiere que toquen ese día. Pregunte cuántos músicos hay, qué usarán, si van a tocar sin parar o van a tomar descansos cortos, cómo será la tarifa—por hora o una tarifa fija. Pida referencias o escúcheles tocar. Tómese tiempo y vaya a escucharlos en sus próximos compromisos. Hable sobre las selecciones musicales que usted quiere que toquen y en qué momento. También puede considerar la idea de contratar a un disc jockey, que normalmente tiene una amplia variedad de selecciones musicales y puede hacer de maestro de ceremonia. Verifique todas las posibilidades. Cualquiera sea su elección, ¡la música pondrá una nota feliz a su día!

La combinación de colores que elija para su boda debe ser consecuente desde los vestidos de las damas del cortejo y las flores a los colores de la decoración del salón. Hable con el gerente sobre los toques extras que sean necesarios. Con frecuencia es conveniente contratar a alguien que decore el salón de recepción y también lo limpie al día siguiente. Los miembros de su familia o amigos pueden estar deseosos de hacerlo, pero podría no ser conveniente para ellos. El salón normalmente tiene personal al que se puede contratar.

LA MESA PRINCIPAL EN LA RECEPCION

Naturalmente el sitio de honor será el suyo en la mesa principal durante la recepción. Usted querrá dar la mejor impresión, así como todo el cortejo. ¡Aquí se dan algunas sugerencias para cuando todos los ojos estén puestos en usted!

* Mantenga su voz en un tono moderado y absténgase de conversar durante cualquier "pequeña" ceremonia---cuando el padrino del novio ofrece un brindis por los recién casados o cuando el clérigo está impartiendo la bendición de la comida, etc.

* Concéntrese cuando coma—sea cuidadosa así no derramará accidentalmente comida o bebida sobre ese hermoso vestido. Si está demasiado nerviosa para comer, no se esfuerce. Pero coma algo si piensa permitirse un brindis.

* Mantenga el resplandor de la boda alrededor suyo—recuerde que usted es el foco de atención de toda la multitud, las cámaras, etc. Los hombres del cortejo del novio deben permanecer con sus chaquetas puestas. ¡Las damas del cortejo deben esperar para quitarse los zapatos!

* Designe a una persona en concreto para que espere en la mesa principal para mantenerla ordenada. Debería usarse un centro de mesa bajo para que no obstruya la visión de nadie.

* Si dos o más invitados proponen un brindis juntos, agradezca a ambos el brindis con un pequeño beso.

* Párese a saludar a los invitados que vienen a ofrecer sus mejores deseos y hágales saber cuán contenta está de que hayan podido asistir.

Los del cortejo deben sentarse a la mesa principal como se describe a continuación: de frente a los invitados. Así todos podrán verlos. El novio se sentará a su izquierda, su dama de honor se sentará próxima al novio y el padrino del novio próximo a usted. Las damas y caballeros del cortejo se sentarán alternados alrededor del resto de la mesa. Usted también podría desear incluír al clérigo, sus padres, los padres del novio, los abuelos y los padrinos de bautismo.

EL LIBRO DE FIRMAS DE LOS INVITADOS

El libro de firmas de los invitados es una manera especial de conservar los nombres de aquellos amigos y parientes que compartieron el día de su boda con usted. Los invitados también pueden agregar notas de felicitaciones. Es un precioso recuerdo para verlo a medida que pasan los aniversarios.

El libro de firmas puede comprarse en cualquier papelería o grandes almacenes, o pedirlo por correo. Usted puede elegir un libro de invitados solamente o un libro de recuerdo de la boda con una sección para los invitados. Podría tener sus nombres y la fecha de la boda impresos en la portada. Estos libros vienen en diferentes tamaños—desde el tamaño regular 8 1/2 X 11 a rectángulos que pueden ser largos y delgados o cortos y anchos. Es mejor elegir páginas blancas o de color crema.

El libro de invitados deberá estar colocado en un lugar prominente para asegurarse de que sus invitados lo vean y lo firmen. Comúnmente, los invitados firman el libro antes o durante la recepción. Se sugiere que usted ponga el libro sobre una mesita bien decorada cerca de la entrada del salón o al final de la línea de recepción. Quizás usted quiera designar a un amigo adolescente o a un primo/a para que esté a cargo del libro. Este puede dirigir a los invitados a que firmen el libro o lo puede hacer circular entre ellos para asegurarse de que todos lo firmen. Es una buena idea tener una pluma haciendo juego, sobre el libro o sobre la mesa.

Además, si elige un libro de recuerdo de la boda, tendrá espacio para coleccionar momentos como: fotos espontáneas, recortes del periódico, etc. ¡Haga del libro un divertido álbum de recortes para recordar de por vida!

NOTAS

_____

_____

_____

_____

LISTA DE REVISION DE LA RECEPCION

LUGAR:_____   FECHA: _____

DIRECCION: _____   HORA: _____

NUMERO DE TELEFONO:_____   GERENTE:_____

PRECIO DEL ALQUILER:_____   DEPOSITO:_____

TERMINOS DE CANCELACION: _____

FECHA DE PAGO DEL BALANCE: _____

SERVICIOS

QUE TIPO DE SERVICIO DE BANQUETE SE PROVEERA: _____

_____

EQUIPAMIENTO DE COCINA:_____

EQUIPAMIENTO DEL BAR:_____

QUIEN PROVEERA Y SERVIRA

LAS BEBIDAS ALCOHOLICAS: _____

_____

SE PROVEERAN LAS MESAS Y SILLAS, QUE CANTIDAD:_____

_____

LIMITACIONES EN LA DECORACION: _____

CUANDO SE PUEDE EMPEZAR A DECORAR: _____

CAPACIDAD DEL SALON: _____

ES SU GRUPO EL UNICO QUE USARA

EL LOCAL ESE DIA: _____

REQUISITOS PARA LA LIMPIEZA: _____

SERVICIO DE ESTACIONAMIENTO:_____

SERVICIO DE BAÑOS:_____

NOTAS

_____

_____

LISTA DE REVISION DEL SERVICIO DE BANQUETE

NOMBRE:_____ NUMERO DE TELEFONO: __

DIRECCION: _____ REPRESENTANTE:_____

ESTILO: Buffet, Formal, Canapés, Pastel y Ponche:_____

MENU: _____

_____

_____

_____

_____

¿Si es un buffet, serán servidos los del cortejo?: _____

¿Para cuándo se necesita el número final de invitados estimado?: __

¿El servicio de banquete provée el pastel de boda?:_____

¿Cuántos camareros habrán?:_____

¿Cuánto tiempo servirán en la recepción?: _____

¿Qué tipo de equipo provée el servicio de banquete?: _____

COSTO

Por persona: _____ Número de invitados estimados:_____

Costo: _____

Tarifa fija:_____ Número de invitados estimados:_____

Costo: _____

Depósito: _____ Fecha de pago del balance: _____

Términos de Cancelación: _____

NOTAS

_____

_____

_____

_____

LISTA DE REVISION DEL ENTRETENIMIENTO

NOMBRE DEL GRUPO: _____ NUMERO DE TELEFONO: ___

LIDER: _____ TIPO DE MUSICA: _____

TIEMPO QUE TOCARAN: _____

NUMERO DE DESCANSOS: _____

REQUISITOS DE EQUIPOS DE LA BANDA: _____

COSTO: _____ DEPOSITO: _____

TERMINOS DE CANCELACION: _____ BALANCE: _____

SELECCIONES

LINEA DE RECEPCION: _____

LLEGADA DE LA NOVIA Y DEL NOVIO: _____

DURANTE LA CENA: _____

EL PRIMER BAILE: _____

AL CORTAR EL PASTEL DE BODAS: _____

AL ARROJAR EL RAMO: _____

AL ARROJAR LA LIGA: _____

EL ULTIMO BAILE: _____

PEDIDOS ESPECIALES: _____

_____

_____

_____

NOTAS

_____

_____

_____

_____

_____

_____

LISTA DE REVISION DE LAS BEDIDAS

CAMAREROS

NOMBRE:_____ TELEFONO: _____

NOMBRE:_____ TELEFONO: _____

NOMBRE:_____ TELEFONO: _____

NOMBRE:_____ TELEFONO: _____

BEBIDAS PROVISTAS POR:_____

SI LA BARRA ES LIBRE

NUMERO ESTIMADO DE INVITADOS: _____

COMO SE COBRA: _____

BAR ABIERTO DE:_____ A: _____ COSTO ESTIMADO:_____

SI HAY QUE PAGAR POR LAS BEBIDAS

NUMERO ESTIMADO DE INVITADOS: _____

COMO SE COBRA: _____

BAR ABIERTO DE:_____ A: _____ COSTO ESTIMADO:_____

BEBIDAS NECESARIAS—incluye licores, combinados, vino, ponche, etc.

TIPO: _____ CANTIDAD: _____

TIPO: _____ CANTIDAD: _____

TIPO: _____ CANTIDAD: _____

TIPO: _____ CANTIDAD: _____

TIPO: _____ CANTIDAD: _____

TIPO: _____ CANTIDAD: _____

TIPO: _____ CANTIDAD: _____

EQUIPO NECESARIO: _____

LISTA DE REVISION DE LA DECORACION DE LA RECEPCION

MESA PRINCIPAL

TIPO: _____   FUENTE: _____

_____   _____

MESA DEL PASTEL:

TIPO: _____   FUENTE: _____

_____   _____

MESA DEL BUFFET

TIPO: _____   FUENTE: _____

_____   _____

MESA DE LOS INVITADOS

TIPO: _____   FUENTE: _____

_____   _____

OTRAS

TIPO: _____   FUENTE: _____

_____   _____

_____   _____

NOTAS

_____

_____

_____

_____

LISTA DE REVISION DEL ALQUILER

AGENCIA DE ALQUILER: _____ NUMERO DE TELEFONO: __

DIRECCION: _____ REPRESENTANTE:_____

FECHA DE REPARTO: _____

FECHA DE RECOLECCION:_____

PRODUCTOS ALQUILADOS

PRODUCTO: _____ COSTO:_____

PRODUCTO: _____ COSTO:_____

PRODUCTO: _____ COSTO:_____

PRODUCTO: _____ COSTO:_____

PRODUCTO: _____ COSTO:_____

PRODUCTO: _____ COSTO:_____

DEPOSITO_____

FECHA DE PAGO DEL BALANCE: _____

NOTAS

_____

_____

_____

_____

_____

_____

_____

_____

_____

_____

_____

_____

NOTAS

Hoy desposaré
a mi mejor amigo.
Aquel con el que río,
para el que vivo, amor...

Capítulo 18

Tarta Nupcial

LA TARTA NUPCIAL

La tarta de la boda es tan importante como el velo, el vestido, los anillos, etc. Puede ser tan artística, y a veces fantástica, como el sueño del diseñador. Normalmente está decorada con dibujos complejos. A veces se coloca como centro en la mesa de la recepción si la hay; si no va en su propia mesa, quizá con un mantelito que haga juego para que todo el mundo pueda admirarlo. También puede ser el centro de una mesa de buffet.

Las tartas de boda pueden ser cuadradas, alargadas o con forma de corazón, pero normalmente son una serie de círculos en diferentes niveles, a veces separados por columnas. El glaseado es normalmente blanco, aunque puede llevar una capa de un color pastel para hacer juego con el color de su boda. En lo alto de la tarta normalmente se coloca un adorno de flores frescas. Normalmente la tarta se hace con el bizcocho clásico; blanco o amarillo. Aunque puede que usted quiera ser original y poner cada capa de un sabor, pero sin salirse de lo básico.

La tarta del novio, menos común, es el pastel de frutas, pesado y oscuro. Con frecuencia se cubre con un glaseado que haga juego y se usa para la capa más alta. Tradicionalmente este pastel se guarda para el primer aniversario de la pareja. Hay una tradición que dice que si una mujer soltera coloca un trozo de una tarta de boda bajo su almohada, soñará con su futuro esposo. Por eso a veces se sirven algunos pedazos extra que se pueden llevar a casa. Se proporcionan para ello servilletas y pequeñas cajitas. Si no van a tener tarta de novio, congelen la capa más alta de la tarta de la boda para compartirla en su primer aniversario.

En algunas tradiciones, como la inglesa, el pastel de frutas oscuro es la tarta principal de la boda. Las porciones están ya cortadas, puede que con una almendra encima, envueltas en celofán, con un lazo, para que los invitados se las lleven a casa si quieren. En ese caso se usa a veces una tarta artificial para las fotos.

A LA HORA DE ENCARGAR LA TARTA

Si necesita ideas sobre el tipo de tarta que quiere. ¿Por qué no le pregunta a algún amigo recién casado? También puede mirar en los álbumes de fotos de su pastelero o proveedor. Antes de encargarlo es recomendable que prueben la calidad de sus pasteles. Tengan en cuenta que normalmente sobra mucha tarta. Probablemente usted no quiera que el pastel se desperdicie. Por eso les sugiero que elija una tarta que parezca grande, pero que no lo sea. Es una buena idea hacer una lista con los puntos a tener en cuenta:

* Número de invitados
* Forma y tamaño del pastel
* Bizcocho (sabor)
* Relleno
* Glaseado (colores)
* Diseño
* Adorno de la capa más alta
* Precio total
* Depósito
* Hora y fecha de la entrega (si la van a entregar)

Si está pensando en hacer su propia tarta, tenga presente que justo antes del gran día es el momento de más actividad. Antes de seguir adelante, consulte los precios de los ingredientes y compárelo con la tarta hecha por un profesional. Luego pruebe la receta con tiempo. Haga el pastel definitivo al menos dos días antes de decorarlo; es más fácil cuando no está demasiado fresco.

NOTAS

_____

_____

_____

_____

_____

_____

_____

_____

_____

_____

CORTAR LA TARTA

Ha de ser cortada justo antes del postre en una recepción de almuerzo o cena, y justo después de recibir a los invitados en un té o cóctel. Su novio coloca la mano derecha sobre la suya y juntos cortan la capa de abajo con un cuchillo de plata adornado con un lazo. Tradicionalmente los novios comparten el primer pedazo como símbolo de buena voluntad de compartir su casa en adelante.

Es un gesto cariñoso por parte de la novia darles los siguientes pedazos a su nueva familia política, y luego el novio sirva a la suya. Un amigo, designado con antelación, o un camarero, servirá el resto de la tarta a los invitados.

Use un cuchillo fino, afilado o dentado. Introduzca el cuchillo en el bizcocho, con el mango más alto que la punta. Corte trayendo el cuchillo hacia usted. Si el cuchillo sale muy sucio por la crema, introdúzcalo en agua caliente o pase un paño húmedo después de partir cada trozo.

TARTA DE PISOS REDONDA

A. Cortar en vertical alrededor del borde de la segunda capa, según se indica en la línea de puntos número 1; luego corte las porciones según se indica en la línea de puntos número 2.

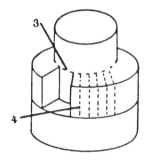

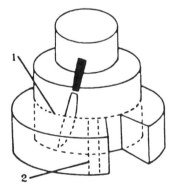

B. Utilice el mismo sistema con la capa del medio. Corte alrededor del borde de la última capa según se indica en la línea de puntos número 3; luego corte las porciones según se indica en la línea de puntos número 4.

C. Vuelva a la primera capa y corte a lo largo de la línea número 5; corte en pedazos según se indica en la línea 6.

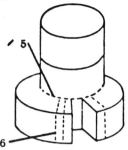

D. Separar las capas restantes.(Tradicionalmente la primera capa se guarda para el primer aniversario de la pareja). Cortar según el tamaño deseado.

E. Las porciones de los bizcochos redondos pueden tener forma de cuña, de diamante o rectángulo.

TARTA DE PISOS CUADRADA

El procedimiento a seguir es esencialmente el mismo que el de la tarta redonda. Corte alrededor de la última capa, luego la capa del medio. Vuelva a la última capa y continúe según se indica arriba.

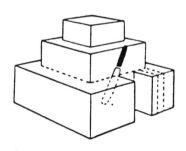

NOTAS

_____

_____

_____

NOTAS

*El primer día de
nuestra vida en común...*

Capítulo 19

Luna de Miel

LA LUNA DE MIEL

Deberían planear su luna de miel juntos; piensen cuánto dinero se pueden gastar, de cuánto tiempo disponen para su luna de miel, y a dónde les gustaría ir. Es mejor planear la luna de miel con anticipación, para que los dos puedan empezar a ahorrar según el tipo de luna de miel que quieren. La disponibilidad de fondos y el destino ayudarán a determinar la longitud del viaje. Asegúrese de que dispone de unos días libres en su lugar de trabajo. ¿Puede usar tiempo de vacaciones o tiene que coger unos días libres pero sin sueldo? Si no dispone de vacaciones puede que prefieran posponer la luna de miel por un tiempo.

Al planear la luna de miel comenten lo que a los dos les gusta hacer. Pidan folletos de lugares de recreo, hoteles, etc. Pónganse en contacto con un buen agente de viajes que les pueda informar sobre ofertas especiales, tarifas aéreas, reservas de hoteles, etc. Un agente de viajes les puede ayudar también a sacar el máximo provecho de su tiempo y su dinero.

CONSEJOS UTILES

Les propongo a continuación una guía útil para planear su luna de miel:

* ¿Cuánto tiempo quieren estar fuera?
* ¿Quieren algo económico o se pueden permitir un exceso?
* ¿Cuánto quieren gastar?
* ¿A qué distancia quieren viajar?
* ¿Quieren ir en avión, conducir o hacer un crucero?
* ¿Quieren una luna de miel completa, un viaje en grupo o un itinerario diferente pensado especialmente para ustedes dos?
* ¿Quieren ver paisajes y monumentos, aprender algún deporte nuevo, ir de compras a ver si encuentra alguna ganga, estudiar algo o simplemente relajarse?
* ¿Quieren salir de la parte continental de Estados Unidos?

Una vez que hayan decidido dónde quieren ir, necesitan saber qué llevar:

* Póngase de acuerdo con su pareja sobre qué atuendo llevar, tanto si van de paseo como a cenar, para no desentonar.

* Lleven consigo cualquier confirmación de reserva o recibos de depósito que tengan.
* Asegúrese de que tiene todos los billetes que necesitan.
* Pongan el nombre, la dirección y el teléfono en las maletas. Tanto dentro como fuera.
* Intente usar tarjetas de crédito o cheques de viaje, en vez de llevar grandes sumas de dinero en efectivo.
* Lleven algún tipo de identificación; carnet de conducir, certificado de nacimiento, etc.
* Si va al extranjero, asegúrese de tener en regla el pasaporte o el visado.
* Compruebe si su seguro cubre su equipaje. Si no, hágase un seguro adicional

Después de toda la agitación con los planes de la boda y el día de la boda mismo, necesitarán tiempo para relajarse simplemente y disfrutar el uno del otro. Quizá quieran contar con algo de tiempo para descansar y no ir corriendo de un lado a otro hasta agotarse.

NOTAS

_____

_____

_____

_____

_____

_____

_____

_____

_____

_____

_____

_____

_____

LISTA DE LA LUNA DE MIEL
NOCHE DE BODAS

HOTEL:_____   LUGAR: _____

HORA DE LLEGADA: _____   HORA DE SALIDA: _____

AGENDA DE VIAJES

NOMBRE:_____   TELEFONO: _____

DIRECCION: _____   REPRESENTANTE: _____

LUGAR DE LA LUNA DE MIEL

NOMBRE DEL HOTEL:_____   TELEFONO: _____

DIRECCION: _____

FECHA Y HORA DE SALIDA: _____

FECHA Y HORA DE LLEGADA: _____

TRANSPORTE

MEDIO: _____

RECOGIDA DE BILLETES: _____

FECHA Y HORA DE SALIDA: _____

FECHA Y HORA DE LLEGADA: _____

AGENCIA DE ALQUILER DE COCHES: _____

DIRECCION: _____

COSTO

HOTEL   _____

TRANSPORTE   _____

VARIOS   _____

(Comida, diversión, recuerdos, etc.)

TOTAL: _____

NOTAS

NOTAS

*El amor llena el momento
y el momento da comienzo
a la eternidad.
El amor llena una vida
y una vida comienza en este mismo momento.*

Capítulo 20

Resumen de los Puntos a Tener en Cuenta

LOS ANILLOS

___ ¿Han recogido ya sus alianzas?

___ ¿Les quedan bien?

___ ¿El grabado es correcto?

___ ¿Han asegurado sus anillos?

ANUNCIOS EN EL PERIODICO

___ ¿Han rellenado correctamente el formulario para informar del anuncio de la boda?

___ ¿Han enviado el formulario y la foto a su periódico?

___ ¿Se han asegurado de que el periódico lo ha recibido?

___ ¿Lo publicarán el día adecuado?

LA CEREMONIA

___ ¿Han ultimado los detalles de la ceremonia con la persona que vaya a oficiarla?

___ ¿Han escogido todas las piezas musicales?

___ ¿Están todos los detalles claros con el organista, los músicos y el solista?

___ ¿Han terminado la decoración para la ceremonia?

___ ¿Sabe el/la florista qué adornos han de ser entregados en el lugar de la ceremonia?

___ ¿Sabe la agencia de alquiler qué adornos han de ser entregados en el lugar de la ceremonia?

___ ¿Sabe la agencia de alquiler el lugar, fecha y hora de entrega?

___ ¿Saben el cortejo nupcial y los músicos (y cualquier otro ayudante especial) la fecha, hora y lugar de ensayo y el ensayo de la cena?

___ ¿Está todo listo para el ensayo de la cena?

___ ¿Sabe el padrino que le tiene que dar el estipendio a la persona que oficie la ceremonia?

___ ¿Conocen su cometido los ayudantes y acomodadores?

El amor es hermoso
sencillamente por ser lo que es.

LA RECEPCION

___ ¿Han ultimado los detalles con la persona encargada del lugar de la recepción

___ ¿Han comprobado la disposición de la mesa y los asientos en el lugar de la recepción?

___ ¿Han ultimado los detalles con el pastelero? ¿Sabe el lugar, fecha y hora de la entrega?

___ ¿Tienen a alguien para que corte la tarta?

___ ¿Tienen un cuchillo para tartas?

___ ¿Está todo detallado con el proveedor? ¿Le han dado el número previsto final de invitados?

___ ¿Han comprobado las existencias de bebidas?

___ ¿Habrá suficientes camareros/camareras para servir a los invitados?

___ ¿Han ultimado los detalles con la agencia de alquiler? ¿Conocen el lugar, la fecha y la hora de entrega?

___ ¿Han ultimado los detalles con la banda?

___ ¿Han decidido si van o no a lanzar el ramo o la liga?

___ ¿Está todo ultimado con el/la florista en cuanto a la decoración del lugar de la recepción? ¿Conocen el lugar, fecha y hora de entrega?

___ ¿Tienen a alguien a cargo del libro de invitados?

ATUENDO DEL CORTEJO NUPCIAL

___ ¿Está su atuendo en regla-vestido, tocado para la cabeza y accesorios?

___ ¿Están listos los vestidos de sus damas de honor?

___ ¿Les sienta todo bien? ¿Ya los han recogido o entregado?

___ ¿Están listos los trajes de los hombres?

___ ¿Tienen ya los padres sus trajes?

___ ¿Han comprado regalos para los ayudantes?

___ ¿Tiene cita con el salón de belleza?

Qué hermoso es el día
impregnado de amor

EL FOTOGRAFO

___ ¿Han ultimado los detalles con el fotógrafo? ¿Sabe la hora, fecha y dirección de su casa, de la ceremonia y la recepción?

___ ¿Ha proporcionado al fotógrafo una lista de las fotos especiales que quiere tener de la ceremonia y recepción?

EL/LA FLORISTA

___ ¿Ha hecho una última comprobación con el/la florista? ¿Está de acuerdo con la elección de las flores?

___ ¿Sabe el/la florista qué flores han de ser entregadas y dónde?

TRANSPORTE

___ ¿Lo tienen todo preparado? ¿Tienen suficientes vehículos?

___ ¿Los conductores conocen sus horarios y a quién deben recoger?

EL IMPRESOR

___ ¿Han encargado las invitaciones, tarjetas de agradecimiento, servilletas, etc.?

___ ¿Han encargado los programas de la boda?

___ ¿Tienen ya libro de invitados?

___ ¿Han leído ya las pruebas de todo el material impreso?

ASUNTOS LEGALES

___ ¿Tienen la licencia de matrimonio?

___ ¿Ha tomado medidas para cambiar su nombre en todos los documentos importantes?

LA LUNA DE MIEL

___ ¿Han confirmado las reservas de hoteles y transporte para la noche de bodas y el viaje?

___ ¿Tienen todos los billetes?

___ ¿Han dejado un programa de sus planes a sus padres o amigos?

___ ¿Se han hecho con cheques de viaje?

___ ¿Si salen al extranjero, ¿han cambiado el dinero?

___ ¿Ha llevado el coche a revisión para el viaje?

___ ¿Ha pedido a alguien que se de una vuelta por su casa mientras usted está fuera?

En este día
se unieron
nuestros corazones

Capítulo 21

Las Preguntas Más Comunes

LAS PREGUNTAS MAS COMUNES

¿QUE HACEMOS SI NUESTROS PADRES ESTAN DIVORCIADOS?

Aunque éste puede ser un momento embarazoso para todos es muy importante recordar y considerar los sentimientos de cada uno. El manejo de la situación depende de su relación con toda la familia—padres y padrastros. Hablar sobre el tema es la solución. Discuta sus sentimientos con ellos y escuche sus objeciones. Cada situación es única. Trate el tema con tacto y luego proceda con los preparativos que permitan a todos participar a gusto. Tenga presente que usted no puede cambiar el divorcio y el éxito de **su** boda es su objetivo final.

Tenga en cuenta quién patrocina la boda. Si es absolutamente imposible que se comporten civilizadamente, usted simplemente deberá mantenerlos separados. Normalmente, ellos dejarán a un lado sus sentimientos en consideración a los suyos y por ser el día de su boda.

La recepción es más relajada y menos estructurada que la ceremonia.

Dónde sentar a los invitados no representa aquí ningún problema ya que todos están más relajados. La ceremonia es mucho más delicada y por lo tanto la ubicación de los asientos reducirá ansiedad y tensión.

Si sus padres están divorciados y no se han vuelto a casar, si congenian, pueden sentarse juntos en la primera fila de la izquierda en una boda cristiana; las mujeres se sientan a la izquierda y los hombres a la derecha en una ceremonia judía. De lo contrario, su madre se sienta en la primera fila de la izquierda y su padre en la tercera fila del mismo lado. (Esto es también una decisión personal.)

Cuando los dos se han vuelto a casar, su madre se sentará en el lugar de costumbre junto a su esposo y su padre se sentará junto a su esposa en la tercera fila del lado izquierdo.

Si usted vive con su padre y su madrastra y ellos van a pagar la boda, ellos se sientan en la primera fila. Luego su madre y su padrastro, como invitados de honor, se sientan en la tercera fila del lado izquierdo.

Si su hermano o tío ocupa el lugar de su padre ausente, él se sienta con su madre. Lo mismo se aplica a cualquiera que esté sustituyendo a su madre.

Si los padres de su novio están divorciados, se sentarán en idénticas posiciones, pero en la fila del lado derecho.

¿QUE HACEMOS SI ESTE ES UN SEGUNDO MATRIMONIO? Una segunda boda no debería aparecer como duplicado o competencia con la primera. Cuando los dos, la novia y el novio se vuelven a casar, la ceremonia es tradicionalmente pequeña e informal, con la novia y su cortejo vestidas elegantemente pero no con el vestido de novia formal. Esto no siempre es así. Muchas parejas que se casan por segunda vez tienen una boda mucho más majestuosa. Pueden incluso incluír a sus hijos en la ceremonia, ya que es saludable conservar la unidad familiar. Además, ayuda a incluírlos evitando sentimientos de exclusión e inseguridad.

Si uno de ustedes se casa por primera vez, una boda tradicional es probablemente la respuesta. Sin embargo, comprometerse es frecuentemente la clave y comunicarse es el medio para alcanzar una decisión. Usualmente en las segundas nupcias, la pareja misma paga la boda por lo tanto la situación financiera dictará el tipo de boda que tengan.

Asegúrese de consultar con su iglesia y el clérigo acerca de un segundo matrimonio. Usted debe estar segura que algunas iglesias/denominaciones son reacias a casar a personas divorciadas. Esto también puede guiarla con el tipo de boda que tendrá.

¿CUAL ES EL PAPEL DE LOS HIJASTROS? Es recomendable que usted pregunte a sus hijos acerca de sus preferencias y opiniones sobre la boda. Los hijos deben sentirse miembros importantes de la nueva familia. Manténgalos informados de sus planes desde el principio.

Estas decisiones dependen de la edad de los hijos. Si son muy pequeños y la boda va a ser pequeña, asígneles responsabilidades. Estas son algunas ideas: llenar las copas de champagne, cortar y servir el pastel, ayudar a los invitados con el libro de firmas, responsabilizarse de los abrigos y chaquetas y también participar en el servicio religioso.

¿COMO ELIJO MI APELLIDO? Tradicionalmente, la novia tomaba el apellido de su esposo. Es en realidad una costumbre más que una ley. Hoy, muchas mujeres tienen un mayor sentido de identidad propia y/o posiblemente han creado una reputación profesional anterior a la boda, y por lo tanto eligen conservar su propio apellido. Usted conserva sus derechos legales cualquiera que sea su decisión. En realidad, usted tiene derecho a usar cualquier nombre siempre y cuando pueda probar que no fue cambiado con ningún propósito ilegal. Elija pronto. Es mucho más fácil cambiarlo al casarse que hacerlo más tarde.

ESTOS SON ALGUNOS PUNTOS PARA RECORDAR:
1) Mantenga su propia copia oficial de créditos. Aunque las leyes en cuanto a créditos son iguales y están en los libros, usted debe hacer su parte. Si usted mantiene **su** nombre en sus tarjetas de créditos, asegúrese de que permanezcan a **su** nombre si fuese diferente.
2) Tenga en cuenta que algún día usted querrá abrir su propio negocio o firmar un préstamo/hipoteca como garante. Mantenga su propio banco y cuentas. Si abren cuentas conjuntas insista en que los acreedores mantengan archivos de créditos por separado con cada nombre.

SI MANTIENE SU NOMBRE DE SOLTERA
1) Asegúrese de viajar con una copia de su certificado de casamiento en todo momento. Esto podrá aclarar cualquier duda sobre la validez de su apellido.
2) La manera más fácil a seguir es usar su nombre de casada socialmente, pero su nombre de soltera profesionalmente. No se disculpe con aquellos que la cuestionan pero sea amable. Usted tienen derecho a decidir cómo deberá ser llamada.

SI USA LOS DOS APELLIDOS
1) Es un compromiso de varias clases cuando usted usa los dos apellidos porque está reteniendo su apellido de soltera y agregando el de su esposo (por ejemplo, Mary Smith Doe).
2) Un cambio de apellidos más complejo es el apellido unido por un guión (por ejemplo, Mary Smith-Doe). En realidad algunos esposos también lo están haciendo (por ejemplo, John Doe-Smith o John Smith-Doe).

En nuestros días, la gente de negocios asumiría que una novia retendrá su nombre de soltera. Si usted va a cambiar, sería una buena idea que enviara una tarjeta a sus asociados informándoles de su decisión.

La Srta. Mary Smith
les anuncia que ha adoptado
el apellido Doe

Otra idea es adjuntar una tarjeta con la invitación a su boda o enviarla por correos separadamente.

Mary Smith y John Doe
desean anunciarles que ambos
retendrán sus nombres actuales
para propósitos legales y sociales
después de casados
Junio 15, 1988.

Eventualmente, por supuesto, la gente se enterará de su preferencia. Esto podría ser realzado en el anuncio de su boda en el periódico. A continuación se ofrece una lista de áreas que requieren el cambio de apellido. Pueden requerir una copia de su certificado de casamiento con una notificación. Usted debería averiguar por teléfono antes de escribir.

Licencia de conducir
Registro del automóvil
Registro de votante
Pasaporte
Cuentas de banco
Tarjetas de créditos
Póliza de seguro
Escuela y/o archivos de la persona para la que trabaja
Oficina de Correos
Diferentes trabajos que haya tenido
Planes de Pensiones
Acciones
Hipotecas
Títulos de propiedad
Arrendamientos
Testamento
Beneficiarios

¿SI SOY UNA NOVIA MAYOR PUEDO TODAVIA SEGUIR LA TRADICION?

Simplemente, sí. Su boda es tan especial como cualquier otra. Planéela de acuerdo a su propio estilo. Su mayor ventaja es que usted y él se han valido por ustedes mismos por muchos años y probablemente pagarán los gastos de la boda; además, usted no tendrá ninguna obligación de consultar o comprometerse con otros. Usted puede decidir anular algunas de las prácticas sociales menos importantes, pero su traje de novia es estrictamente a su gusto.

¿CUAL ES EL PROCESO DE COSTUMBRE PARA REAFIRMAR NUESTROS JURAMENTOS?

Si se casó apurada y más tarde tuvo remordimientos de haberse perdido toda la ceremonia y la celebración, todo lo que tiene que hacer es retroceder y comenzar todo de nuevo. Renueve ese juramento o reciba una bendición especial en una hermosa iglesia con toda la pompa necesaria...incluyendo una gran recepción. Esta idea se está volviendo muy popular en un aniversario de casamiento, quizás el de plata u oro. Muchas veces los hijos y nietos de la pareja participan en la ceremonia. La invitación puede también indicar esto último.

¿COMO ELEGIMOS NUESTRO HOGAR...TU CASA, MI CASA?

La solución ideal es nuestra casa. Esto usualmente significa un lugar neutral. Si esto no fuese posible, piense en una simple redecoración o remodelación que pueda hacerse en una casa o la otra. Si están los hijos de por medio, debe dárseles a ellos principal consideración (por ejemplo, escuelas, amigos, seguridad, etc.) y por supuesto la situación financiera debe ser también considerada.

Tratar de unir dos hogares requiere mucha paciencia desde cualquier punto de vista. Después de muchos años de decidir por usted misma, dos personas independientes se comprometen en compartir sus vidas. Una unión exitosa implica algo más que amor. Requiere un montón de tolerancia, negociación y respeto mutuo. La comunicación es siempre muy importante y el suficiente compromiso de las dos partes hará que usted llegue a una decisión que les permita a ambos estar cómodamente.

Este puede ser también el mejor momento para hacer un inventario, haciendo una lista de cada objeto. Compare los objetos, combínelos y deshágase de aquello que no le sea necesario. Esto es perfecto para propósitos de seguro como para registro personal. Esos objetos que usted no necesite pueden ser vendidos, regalados a la familia o a organizaciones de caridad y cualquier otra cosa que usted no pueda decidir qué hacer con ella...bueno, simplemente tire la moneda.

¿NECESITAMOS UN CONTRATO DE MATRIMONIO?

Un contrato de matrimonio es algo para tener en consideración si usted necesita definir o expresar de manera diferente cualquier derecho en su matrimonio que de costumbre se sobreentienda. Muchos estados son ahora estados de propiedad comunal. Consulte de antemano con un abogado. Aunque puede que suene poco romántico, un contrato de matrimonio puede ser una buena base sobre la que comenzar, y establecer un camino pavimentado para un futuro más saludable y feliz.

Usted descubrirá que las bodas judías, han dado esto por sobreentendido durante siglos.

NOTAS

_____

_____

_____

_____

_____

_____

_____

_____

_____

_____

_____

_____

NOTAS

*Dos vidas, dos corazones
juntos en la amistad,
unidos para siempre en el amor*

Capítulo 22

Proteja sus objetos de valor

PROTEJA SUS REGALOS DE BODA Y OTROS OBJETOS DE VALOR

Hay una serie de sencillas precauciones que le ayudarán a proteger sus pertenencias ahora y en el futuro. Los regalos que reciba de sus amigos y familiares tendrán sin duda valor sentimental y económico, por eso deben estar protegidos antes, durante y después de la boda.

Les sugiero que se hagan un seguro especial que cubra los regalos anticipados. Hay una póliza especial llamada "Wedding Present Floater" que cubre todo lo que no permanece fijo en un sitio. El seguro que tengan sus padres en casa, por ejemplo, probablemente no protegerá los regalos que estén allí y se lleve luego usted a su propio apartamento.

El "Floater" es válido por un periodo temporal, normalmente 90 días después de la boda. Proporciona cobertura general, ésto quiere decir que no tienen que dar una relación de todos los objetos asegurados, puesto que realmente no sabe los regalos que recibirá. Ese seguro cubre pérdida por robo, fuego, rotura, etc. Es raro encontrar un apartado en el que conste que no les van a pagar todo lo perdido. Normalmente les reembolsan el valor total.

Si ya han comprado o alquilado la casa en la que van a vivir, basta con un seguro normal. Una inversión inteligente en ese caso, sería una póliza de propietario o de arrendatario, que cubrirá todas sus pertenencias. Si ya tienen este tipo de seguro, quizá deberían incrementar un poco la cobertura para que incluya cualquier nuevo objeto que reciba o compre. Por ejemplo, si su póliza actual les da $7,000, quizá quieran incrementarla $2,000 más para cubrir los regalos que reciban en la boda. Asegúrese también de comprobar con su agente de seguros qué es lo que cubre exactamente esa póliza.

Anotar y seguir un inventario con todos los regalos y posesiones puede parecer algo tedioso, pero es recomendable emplear un tiempo en hacerlo. Su "Registro de Regalos de Boda" será una de sus posesiones más valiosas. Le proporciona el nombre y dirección de la persona que ha hecho el regalo, la fecha en la que lo ha recibido, el objeto mismo y el lugar donde se efectuó la compra. El "registro" es su mejor recurso si quiere completar o cambiar algo en el futuro, y también de cara a una tasación para el seguro. Cuando se presenta una reclamación por robo, la compañía pide un certificado de propiedad.

Si no lleva un inventario, se aceptan los recibos de compra. Los recién casados no suelen tener recibos de compra, pero si llevan el "registro" de forma sistemática, lo pueden usar como certificado de propiedad. Deben anotar también las pertenencias personales de cada uno antes de la boda y lo que han comprado después de casados.

Deberían hacer un inventario de todo lo que poseen, incluidos los regalos que han recibido en las despedidas de soltero/soltera, etc., para hacerse una idea de la cobertura que necesitan. Todos los objetos deben ser incluidos, indicando su valor y los años que tienen, si son una reliquia de familia o una antiguedad. Quizá quieran consultar con un perito para que les tase algunos objetos. Asegúrese de actualizar la valoración de sus alianzas. El valor del oro, la plata y las joyas cambia constantemente.

Cuando haga el inventario, no omita la ropa, equipamiento deportivo, para sus aficiones o hobbies, los muebles, electrodomésticos, etc., si puede encontrar recibos de algunos de esos objetos, consérvelos y guárdelos en un sobre para archivarlos. Asimismo es una buena idea hacer fotos de sus pertenencias. Debería grabar un número en todos los objetos que sea posible. Para más información sobre números de identificación, póngase en contacto con el departamento de policía local. Esta práctica frena a los ladrones.

Cuando tenga hecho el inventario y la lista, deberían conservar una copia en sus archivos y guardar el original en una caja fuerte. Pongan al día la relación de vez en cuando. Si todo ésto les parece innecesario y tedioso, sumen el valor total de los objetos del inventario y vean la cantidad que supone. ¿Les sorprende? Una vez que se haya dado cuenta del valor de estas pertenencias, probablemente quiera tomar medidas para asegurar sus posesiones. Con una planificación mínima pero sensata esos objetos que usted aprecia pueden ser suyos de por vida.

...Y ésto
Nuestra vida,
Nuestro comienzo

Shakespeare

NOTAS

*Nuestro amor
da un nuevo sentido a la vida*

Capítulo 23

Mis Quince Años
Claudia

Quinseañeras

Yo,
Rebeca Rodríguez
tengo el honor de invitar
a usted y a su distinguida familia
a la fiesta que con motivo
de cumplir mis Quince Años
me ofrecen mis padres
Victor Rodríguez
y
Ros Garcia de Rodríguez
el Sábado 12 de Octubre
de mil novecientos noventa y cuatro
a las 7:00 de la noche
en el Regal Hotel, Garden Plaza
Coral Gables, Florida

No menores de 12 años   Traje formal

• • •

Sr. y Sra. Alfredo Salinas
cordialmente le(s) invitan a celebrar
los Quince Años de su hija
Natalia Salinas
con su chambelán
Javier Osario
el viernes, nueve de abril,
mil novecientos noventa y cuatro
a las siete de la noche
Knights of Columbus Hall
820 Division Street

Recepción 6:30 p.m   Baile 9:00-1:00 a.m.
Invitación requerida   2 personas

• • •

Karla Díaz Santas
Delia Rivas Cantares
Tienen el placer de invitarle(s)
a su fiesta de
Quince Años

que ofrecerá el día sábado cuatro de enero
de mil novecientos noventa y cuatro
en el Salán Dorado del Club Social de la Paz

Hora 8:00 p.m.   Formal

• • •

Mr. and Mrs. Franciso Suarez
cordially invite you to celebrate
the Fifteenth Birthday of their daughter
Nitea Muñoz
escorted by
Jose Ailano
on Friday, the tenth of July
at six o'clock in the evening
Knights of Columbus Hall
820 Division street

Recepcion 6:30-8:30 p.m.   Dance 9:00-1:00 a.m.
Invitation required   2 Persons per invitation

Court of Honor

Carmen Cantron	Raul Rivas
Anita Villalon	Carlos Diaz
Claudia Perez	Simon Lara
Gaciela Avila	Mateo Montañez
Monica Guerra	Gil Vaz
Amelia Sanchez	German Zapatas
Laura Delgado	Mate Ruiz
Maribel Molina	Guillermo Orona
Munuela Vargas	Felix Pagan
Rosa De Anda	Gabriel Santos
Elizabeth Gomez	Jorge Cantares
Carmela Montañez	Marco Rivas
Laura Delgado	Ricardo Cuevas
Mirta Forres	Carlos Diaz
Maribel Magaña	Roberto Vargas

• • •

Sr. Jesus y Sra Ana Lozrano

se complacen en invitar a Ud y a su apreciable familia
a la celebración de los Quince Años de su hija
Ana Luz
que se celebrará el sábado 28 de agosto de 1993
a la 1:00 p.m. en la Iglesia San José
1035 South 7th Streets, Houston, Texas

Damas	Chambelanes
Eles Gruz	Ramón Medina
Lily Vega	Gabriel Martinez
Lupe Aarra	Sergio Valencia
Sandra Montez	Roberto Espirnoza
Juanita Santos	Raúl Gallejos
Yolanda Perez	Miguel Barba
Susana Vargas	Francisco Gonzalez
Cristina Fuentes	Oscar Morales
Lucia Montoya	Alberto Nuñez
Racheal Flores	Salvador Ochoa

Padrinos
Misa: Emilio y Esther Guerrero
Ramo: Rosa y Antonio Torres
Album: Eva y Ricardo Aguilar
Gojines: Lucia y Gregorio Vega

• • •
Yo,
Carmen Nelson
los invito a la celebración
en honor
de Mis XV Años
el 23 de Septiembre de 1993
en compañia de mis padres, hermanos
e invitados de honor
Chamberlán: Jose Lugo

Padrino	Madrina
Francisco Hernandez	Maria Hernandez

Padrinos de Pastel

Arturo Diaz Nancy Diaz
Padrinos de Ramo
Evelyn Espinosa Orlando Espinosa

Acompañamiento

David Gómez   Carol Gómez
Angel Colón   Susan Colón
Carlos Salinas   Elena Salinas
Ramon Aguila   Noleta Aguila
Oscar Amarilis   Gloria Amarilis

Misa: 10 a.m Santuario Señora de Guadalupe
Avenida Villanueva
Recepción de 3 p.m. a 5 p.m.
Baile de 6 p.m. a 1 a.m.
552 South St., Los Angeles 90063
Música por: El Grupo Juvenil

• • •

Sr. José Pérez   Sr. Ingacio García
y   y
Sra. Marcela Pérez   Sra. María García
participan a vd el enlace   participan a vd el enlace
matrimonial de su hija   matrimonial de su hijo
Alicia   Francisco Juan
con el   con la
Sr. Francisco Juan García   Srta. Alicia Pérez

Madrinas y Padrinos:

Velación: Marina Garcia y Luis Garcia
Anillos: Karla García y Jose García
Pastel: Guadalupe Costañeda y Blas Rodríguez
Libro y Rosario: Catalina García e Isaac García
Cojines: Rose Norgarogay y Emilio Díaz
Copas: Laura García y Osbaldo García
Invitaciones: María Isela García y Jorge García
Lazo: Patricia García y Peter García
Arras: Mary García y Elias García

Ramo: Esther García y Marke Díaz
Album: Delia Ortiz y Manuel Ortiz
Brindis: Eizna García y Ramiro Díaz
Cuchillos: Lolanda García y Marín Frausto
Recuerdos: Alicia Díaz y Victor García

Pajes:
Amelia García y Roberto García
Y tienen el placer de invitar a vd. y a su apreciable familia
a la Ceremonia Reliogosa que tendrá lugar el Sábado 4 de Julio
de 1994 a las 1:00 a.m. en la Iglesia St. Philip Neri
4311 Olanda Street, San Francisco, California

• • •

Sr. Marcos Delgado	Sr. Herman Ramos
y	y
Sra. Olga Delgado	Sra. Rosaura Ramos
participan a Ud. y su familia	participan a Ud. y su familia
el enlace matrimonial	en enlace matrimonial
de su hija	de su hija
Lorena	Manuel
con el	con la
Sr. Manuel Ramos	Srta. Lorena Delgado

y tienen el placer de invitarlos
a la Ceremonia Religiosa que se verificará
el sábado diecinueve de octubre de
mil novecientos noventa y cuatro
a las dos de la tarde en la
Iglesia San Francisco de Asís
34207 Las Palmas Boulevard
Santa Bárbara, California

• • •

David Gómez	José Caleta
Consuelo Gómez	Marisela Caleta

participan el enlace matrimonial
de sus hijos
Maricruz y Agustín
y cordialmente les invitan a la

Ceremonia Religiosa que se celebrará
el sábado dos de mayo
de mil novecientos noventa y cuatro
a las cinco de la tarde
en la Iglesia San Martín de Porres

Recepción: Casino - Marino

Ct. Allende, Coah.   Mayo 2, 1994

• • •

Pedro Rodés Marino   Fauslino Marlinez Amador
Elsy Valencia de Rodés   Angeles Avalos de Martinez

se complacen en invitarle(s) al matrimonio de sus hijos
Laura Elana y José Alberto
el día sábado veintiocho de diciembre de mil novecientos noventa y
cuatro
a las seis de la tarde en la Iglesia de Nuestra Señora de Lourdes
Los padres de la novia tendrán el placer de recibirle(s)
despúes de la ceremonia religiosa
en el Salón Internacional del Hotel Hyatt
Ciudad de Mexico

• • •

Roberto and Linda Lopez   Audelia and Manuel Mendoza
announce the Marriage Union   announce the Marriage Union
of their daughter   of their son
Erica   Juan
and   and
Mr. Juan Mendoza   Miss Erica Lopez

Godmothers and Godfathers
Vail: Carmen Navarro and Carlos Sanchez
Rope: Silvia Zapatas and Jose Mendez
Coins: Maribela and Albero Aguila
Bouquet: Teresa and victor Garcia

Bridesmaids   Groomsmen
Eladia Gomero   Jesus Monloya

Rosa Navarro	Martin Lopez
Rafela Garcia	Mauricio Vasquez
Mayra Sameros	Lorenzo Soto
Olivia Morales	Alfredo Rojias

Flower Girl and Ring Bearer: Thersa Garcia and Saime Orozco

Have the honor to invite you and your family
to the Religious Ceremony that will take place
Saturday, December 11, 1993 at 11 a.m.
St. Patrick's Church, 912 Fourth Avenue,
Mamagordo, New Mexico

NOTAS

_____

_____

_____

_____

_____

_____

_____

_____

_____

_____

_____

_____

_____

_____

_____

_____

_____

_____

RECUERDE LOS ANIVERSARIOS

Primero	Papel
Segundo	Algodón
Tercero	Piel
Cuarto	Libros
Quinto	Madera
Sexto	Hierro
Séptimo	Cobre
Octavo	Eléctrico
Noveno	Cerámica
Décimo	Estaño
Décimo primero	Acero
Décimo segundo	Hilo
Décimo tercero	Encaje
Décimo cuarto	Marfil
Décimo quinto	Cristal
Veinteavo	Porcelana
Veinticinco	Plata
Treinta	Perla
Treinta y cinco	Coral
Cuarenta	Rubí
Cuarenta y cinco	Zafiro
Cincuenta	Oro
Cincuenta y cinco	Esmeralda
Sesenta	Diamante

POR FAVOR, ENVIENME SUS COMENTARIOS. HAGAN SUS SUG-
ERENCIAS O CRITICAS. NOS ENCANTARIA OIR LO QUE USTEDES
PIENSAN EN NUESTRO ESFUERZO POR MEJORAR CONTINUA-
MENTE LA GUIA NUPCIAL, UNA GUIA COMPLETA PARA PLANEAR
SU BODA. GRACIAS.

PARA UN/UNA AMIGO/AMIGA

NOMBRE_____
DIRECCION_____

_____

_____

FECHA DE LA BODA _____TELFONO_____
COMENTARIOS_____

_____

_____

_____

_____

Por cada copia adicional, envíen $13.95, más $2.50 por gastos de envío a:

Books By Pamela, Ltd.
c/o Pamela Thomas—Autora
821 King Street
La Crosse, W1 54601
(608) 785-1235